JN040325

あの会社はなぜ、経済学を使うのか?

先進企業5社の事例でわかる
「ビジネスの確実性と再現性を上げる」方法

今井誠
エコノミクスデザイン代表取締役

日経BP

はじめに

研究者たちの知恵を、ビジネスで強欲に使いこなす

本書は、企業がビジネスに経済学を活用することを目的としています。実際にビジネスに活用している5社に取材を行い、

・どういうきっかけで、経済学の活用を始めたのか
・どのように、どんな場面で活用しているのか
・活用して、どう変わったか

などを聞き取り、まとめました。5社の活用の仕方は様々。感じているメリットも様々です。また、経済学者が社内にいる企業、いない企業など、社員の専門性の度合いも様々です。

本書で紹介している先進事例は、経済学をビジネスに役立てようと考えている方はもちろん、そもそも経済学はビジネスに役立つのかどうか懐疑的な方にも、参考にし

ていただけるのではないかと思います。

「ビジネスに経済学を活用する」ということ

本書に限らず最近、経済学をどのようにビジネスで活用するかというテーマの書籍が、多く出版されています。

「経済学を用いると、データ分析が容易になる」「スケーリング（ビジネスのスケールを拡大すること）のためには経済学が有用」「経済理論をビジネスに当てはめる」など、そうした書籍は、様々な観点から、ビジネスと経済学を掛け合わせています。

それらの書籍が主張するように、**ビジネスに経済学を取り入れることには、様々なメリットがあります。**

そもそも経済学とは、私たちが生きる「現実社会」を、より客観的に分析し、体系化したものです。ビジネスで得られる経験や体験、業界ならではの慣習や慣例、方法論などと相性がいい。

ビジネスの現場で起こっていることに、経済学の理論を掛け合わせたり、その手法を取り入れたりすれば、そのビジネスは、**確実性（うまくいくかどうか）、再現性（状況にどの程度左右されるか）、普遍性（属人的な仕事から脱却し、あらゆる場面で運用できるか）**など、様々な面が改善されるでしょう。

経済学の活用がますます進むことは、みなさんのビジネスを前進させ、抱えている課題の解決につながるはずです。

経済学者には見えて、実務家には見えない「つながり」

しかし一方で、「理論と実際は違う」「自分の仕事に、実際にどう活用したらいいかがわからない」といった声もよく聞きます。

「そもそも、経済理論と結びつくようなビジネスをしていないから、自分には使えない」

という声です。

なぜ、せっかく「ビジネスに、経済学を活用しよう」と思って書籍を手に取ったのに、実際に行動を変えるには至らないのか。

私はその理由の1つは、「そうした書籍の著者の多くが経済学者だから」ということではないかと考えています。

そうした書籍では、経済学をすでにビジネスで活用していることが前提で書かれています。そもそも、経済学とビジネスが「つながって見えている」ような状態です。しかし、多くの現場では、**ビジネスと経済学は関連づけられてすらいない**はずです。

経済学を知らない側（現場のビジネスパーソン）は、そもそも経済学の研究が、何を掘り下げていて、理論と研究がどうつながっているのかがわかりません。経済学が解決可能な課題を見分けられなければ、深掘りすること、そして理論につなげていくことは不可能でしょう。

日々の業務の中で課題が見つかったとしても、そのような状況では経済学で解決しようにも無理があります。誰かに相談することも難しいのではないでしょうか。

私は、経済学者ではありません。けれども、いくつかの企業を立ち上げていくうち、経済学者が考えている経済学とビジネスの「つながり」を感じるきっかけがありました。

私自身の就職活動は、当時の日本では当たり前だった「終身雇用」を意識したものでした。しかし、ちょうど私が社会人になる頃、ある大手金融機関が経営破綻。終身雇用の慣行にも陰りが見え始めていました。

また、世の中ではベンチャー企業が少しずつ増え、上場を果たす企業まで出てきたこともあり、私自身のキャリアとして、ベンチャーへの転職やスタートアップの創業への関心が高まっていきました。

そうした経緯もあって、いくつかのベンチャー企業やスタートアップの創業に関わることになるのですが、その中で、**企業成長の課題**にぶつかりました。**面白いアイデアがあり、具現化する力があり、活気とやる気もある。なのに、なぜかスケールしな**

い。そんな状況でした。

日夜、ベンチャー企業の事業成長を考えていた私は、そのときふと、中高の同級生が大学で経済学を教えていることを思い出しました。

「彼の研究は、もしかして自分の抱えている課題に、ヒントをくれるかもしれない」

そんな予感を覚え、私の関わっているビジネスの話を彼にしました。私にとっても、ビジネスの課題に対して経済学の視点で改善に取り組む、初めての経験でした。

そして、そこでいくつかの衝撃を受けました。同じ事象を見ているはずなのに着眼点がまったく違う。「業界慣行だから」「過去、こうしてきたから」と伝えても、それはどういうことかと返される。

自分がいかに**勘と経験中心の偏った視点**で仕事に取り組んできたのかを実感することとなりました。

私自身の体験を、多くの人に知ってもらいたい。体験から得た、経済学のビジネス活用のために必要な準備・心構えを共有したい。その想いをもって、「経済学×ビジネス」のワークショップを定期的に開催することとなりました。このワークショップは評判を呼び、多くの方にご参加いただきました。

こうした体験があったからこそ、「ビジネスに経済学を活用していく」というスタートアップの創業につながり、今、この本を執筆するに至っているのです。

繰り返しになりますが、私は経済学者ではありません。でも、経済学とビジネスが「つながっている」ことを知っています。現場がどうすれば、経済学や経済学者にアクセスできるのか。ビジネス課題に対して、また経済理論に対してどう向き合っていけばいいのか。**経済学者ではないからこそお伝えできることは、きっと多い**はずです。

経済学をビジネスにもっともっと活用していこう

経済学スタートアップを創業したことで、様々な企業と接する機会も増えてきました。接していると、**多くの企業が経済学で解決できそうな課題を抱えている**ことに気づきます。

しかし、大半の企業は、「経済学」が視野に入っていません。経済学の入門書はたくさん出版されているのに、「ビジネスと関連づけて考えよう」という動きは進んでいないのが現状です。

経済学というツールは、企業成長にたいへん大きな効果を与えてくれます。しかし、一般にはまだまだその活用方法が知られていません。

企業やビジネスパーソンは、何をきっかけにビジネスと経済学のつながりを知り、効果を体験するのか？

日本の経済学活用先端企業は、どのようなアドバンテージを得ているのか？

本書を通してこうした疑問を解消し、新たな一歩を踏み出していただくことを願うばかりです。

多くの企業には、データが集まり、そのデータ分析を基に新たな戦略を練るチャンスがある。これからの企業成長のツールとなる経済学とビジネスパーソンの関係性を一度考える機会となれば幸いです。

第1章

なぜ今、世界最先端・高成長企業は経済学者を雇うのか？

第2章 事例と理論で学ぶ ビジネス×経済学

経済学活用事例2 AppBrew（LIPS）

経済学活用事例 3 Sansan

第3章

経済学を自社のビジネスに生かす方法

第4章 ビジネスで使える経済学の学び方

第 1 章

なぜ今、
世界最先端・高成長企業は
経済学者を雇うのか?

経験を生かせる職場、経験が蓄積されない職場

「今期のマーケティング施策として、●●を提案します。●●は、２年前に行って対前年で１５０％の効果のあった手法を他の年代に向けて拡大したもので、前回同様の効果が見込めると思います。アンケート調査でも、90％の人が好印象を持っていました」

「今月、売り上げが全然予算に届きそうにないぞ。多少値引きしてもいいから、何としても売り上げを立ててるんだ」

「昨今の原材料費の高騰で、ついにうちも値上げすることになった。競合の商品の値上げ幅は、A社は１００円、B社は80円、C社は今のところ据え置き……。やっぱり１００円単位で変わると高くなった印象になるから、税込１００円で収まるように90円くらいにできないかな」

「会員登録で顧客データがかなり集まってきた。とりあえず集まった会員データを有効活用していこう」

「ロスや無駄を出さないように小ロットで生産している。何かイベントがあったりすると突発的に売れ行きがよくなるが、急に生産を増やせないので機会損失をしている」

「人気商品を一部の人が買い占めして高額転売。ターゲットに全然届かない」

いきなりですが、みなさんは仕事の中で、こうした事態に遭遇したことはありませんか。まったく同じでなくても、「マーケティング施策」を「新商品開発案」「新企画案」に、「多少値引きして」ではなく「得意先に融通してもらって」に置き換えたらどうでしょう？　値上げ金額を変えてみたら？

もし、この中に、社内など身近なところでよく聞くものがあったり、ご自身が使われているものがあったりするならば、**本書は必ずあなたの役に立つはずです。**

なぜなら、ここでご紹介した台詞には一見もっともらしいものもありますが、実際は**どれも、「前例踏襲」や「直感頼み」、「場当たり的」な仕事にありがち**なものだからです。

前例踏襲が当然の職場は、クリエイティビティが芽生えず、**時代錯誤な根性論を強いられることになりがち**です。

直感頼みというのは、経験知があまり蓄積されず、**仕事が属人的**なまま、生産性向上・効率化は難しいでしょう。

場当たり的な仕事の仕方では、目の前の物事に急ぎ対処していくだけとなり、**未来を見通して計画的に進めていくことは困難**になります。

こうした台詞が飛び交う組織が、現代の日本の社会で、長期的・安定的に成功し続けることは、難しいのではないでしょうか。それどころか、私自身は、こうした考え方や仕事の仕方が、日本経済の成長を阻んでいるとさえ思うのです。

本書では、こうしたビジネス課題克服に役立つ「ツール」として、経済学を取り上げていきます。経済学の中でも、ビジネスと関わりの深い研究成果や考え方、方法論――本書ではこうした学問による知見を**「学知」**と呼びます――で、ビジネス成長の新たなきっかけをつくろう、というのがテーマです。

経済学をビジネス活用する前に、どの職場でもすべきこと

日本では、すでにいくつかの企業が何かしらの形で経済学をうまく取り入れて企業成長に役立てています。**本書の第2章では、具体的に企業を取り上げて、それらの企業とその問題意識、どんな分野にどのように取り入れているのか、などをご紹介していきます。**

「はじめに」でも述べたように、私自身は経済学者ではなく、経済学者とともに、ビジネス課題に様々な学知を活用しているビジネスパーソンです。それぞれのビジネス現場で、学知を使って業務改善をしたり、収益向上の施策をつくったりしています。

ぜひみなさんに、その成功体験を実感し、実践していただきたい。そのために、今、世界と日本のビジネス界で起きていることを見ながら、お話ししていくつもりです。

ただし、私がみなさんに勧めたいのは、「経済学者を社員として雇用しましょう」「外部の、経済学の専門家に相談しましょう」「経済学を活用しているコンサルと契約しましょう」ということではありません。もちろん、最終的に自社には学知が必要だと判断された場合は、ぜひ前向きに進めてください。

しかし、その前にみなさん自身が、**「ビジネスパーソン」として学知に触れ、自分なりの理解を持ってほしい**と考えています。

それは、「経済学」と一言でいっても、過去からの研究は膨大で、その研究範囲は非常に幅広く、また「経済学者」といっても多種多様な分野の研究者がいるからです。

経済学は、現代のビジネスに画期的な変化を与え、また再現性を高めるツールです。しかし、いきなりビジネスパーソンが「使いたい！」と闇雲に振りかざしても、うまくいくものではありません。

また、自身が経済学についてあまり理解せず、経済学者を雇用したり、経済学者に相談したりコンサルティングの依頼をしたりしても、期待するほどの効果が得られるものではありません。

ただし、反対にいえば、少しでも経済学と真剣に向き合い、理解しようと努めることで、その力を活用する道が見えてくるはずです。膨大な蓄積のある学知、幅広く多種多様な経済学者は、自社のビジネスの強力な武器になる可能性を秘めているのです。

本書では、そうした強力な武器の利活用につながるような、**「なぜ、ビジネス課題の解決に経済学が使えるのか？」「なぜ、経済学が、企業の劇的な成長に直結するのか？」**といった点も言及していきます。

ポイント

「前例踏襲」「直感頼み」「場当たり的」に仕事をしていないだろうか？　振り返ってみよう。

「問いの立て方」が問われる時代

さて、私がみなさんに、ただ経済学者を雇用したり、コンサルを依頼したりするのではなく、まずは自ら少し学んでほしいというのには、理由があります。

それは、ビジネスを前に進めるためには、**「問いを立てる力（課題発見力）」**と**「相手の答えの妥当性を判断する力（批判的思考）」**の必然性が高まったからです。

経済学のビジネス活用の話を抜きにしても、2023年は、いまだかつてなく「問いの立て方」が問われる時代の幕開けになったと感じています。

その理由は、ほかでもない「ChatGPT」をはじめとする生成系AIが、日本でも爆発的に普及したことです。

「いい答え」は「いい問い」からしか得られない

生成系AIを触ったことのある方なら、次のような実感があるでしょう。

・どういう「プロンプト（問い）」を入れるかによって、生成系AIが出してくる答えの精度に雲泥の差が生じる。
・生成系AIは、ときにはとんでもない間違いを犯す。

生成系AIはLLM（大規模言語モデル）というモデルによって、過去のデータを大量に学習させたものです。いわばデータ学習によるパターン認識によって成り立っているといえます。その性質上、現時点の技術では、「本当はありもしない、しかし『ありそうな事実』」を捏造《ねつぞう》することもあるのです。

そうしたことがある以上、生成系AIが弾き出した答えを鵜呑《うの》みにしてはいけません。また、事実誤認などが起きている部分に最低限、気づくための知識を、生成系AIを使う側である人間が兼ね備えていく必要もあるわけです。

なぜ「今」、問う力が求められているのか?

適切な問いを立てる力や、答えの妥当性を判断する力が、今まで求められていなかったわけではありません。

たとえばYahoo!やGoogleの検索エンジンが普及した頃にも、「どのような検索ワードを入力するかによって得られる知識・情報が違ってくる」といわれたものでした。実際、同じような事柄をインターネットで検索しても、検索者の能力によって得られる情報に差があったのも事実です。しかし、基本的に検索エンジンは、検索ワードに引っかかるサイトを表示して見せるだけ。ですから、検索ワードを選ぶ技術に多少難があっても、一覧されたサイトから目的に近いものを選べれば、用は足りたはずです。

いくら検索が下手でも、時間をかければ目的の情報を得ることができました。

一方、生成系ＡＩは、利用者の質問に対して、

「そのような問いを立てたあなたが欲しい答えは、こんな感じですか？」と、その名のとおり答えを「生成」して提示します。そのベースとなるのは、前述の大量に学習したデータです。

検索エンジンのように参考になりそうなウェブページを羅列するのではなく、質問に対する何らかの答えを示してくれるようになった。途中で人間が「目的に近いものを選ぶ」手間がなくなってきます。

この進化したテクノロジー活用がビジネスの当たり前になってくる未来に向けて、**最初の質問の精度を上げる必然性が高まった**ということです。

また、そうして提示された答えについても、「問いに対して適切かどうか」を利用者が判断しなければなりません。前述のように起こる「とんでもない間違い」についても、利用者が気づいて対処するしかありません。

つまり利用者は、生成系ＡＩが出した答えについて、様々な角度から**「適切かどうか」の判断が求められている、**というわけです。

この新しいツールは、私たちのビジネスや暮らしに、すでに変化を起こし始めています。たとえば外国語からの翻訳や、基本的なプログラミングコードの作成など、これまで人が時間をかけて行っていたことが、極めて短時間でできるようになりました。あるいは、様々な資料からプレゼン資料を作成したり、一斉配信するメールの文章を書いたりなども、難なく、大量にこなせます。

こうしたツールを自ら適切に使いこなしていくために、問いを立てる力、ある程度の知識レベルが、今までの比にならないほど求められているといっていいでしょう。

ツールはあくまでツール。その効能は使い手次第

今、生成系ＡＩを例に話をしましたが、実は経済学のビジネス活用においても事情は同じ。**経済学というツールを企業として使いこなすためにも、「問いを立てる力」と「答えの妥当性を判断する力」は最低限不可欠**です。

それは、どういうことでしょうか。

ビジネスパーソンのみなさんが、他社の経済学の活用成功事例を知ったと仮定しましょう。そうすると、「これはうちでも使えそう」ということで、「自社でも活用したい」となるかもしれません。

その際、現時点で社内に経済学の専門家がいない場合、考えられるアプローチは、大きく次の2つに分けられます。

1 ビジネスに使える経済学を、自分もしくは会社の仲間が学ぶ

2 「(外部の) 経済学のプロフェッショナル」の力を借りる

私は先ほどから「自分で経済学を学ぶことが大事」というお話をしてきました。しかし、選択肢**1**のように、本当に活用できるレベルまで学ぼうとすると、数年、十数年単位の大プロジェクトになってしまいます。

ということで、現実的なのは**2**で、「経済学のプロフェッショナル」に力を借りることのほうが通例でしょう(経済学は細かく分野が分かれていますが、ひとまず、ここでは区別しません)。

経済学の学知をビジネス活用する際には、ビジネスサイドが持っている課題から発した問いに対し、経済学者らがプロフェッショナルとしてソリューションを生成し、提示する、という形になるでしょう。

この構図を俯瞰《ふかん》するとどうでしょう。過去の膨大な学習データを基に答えを返す生成系AIと、「経済学のプロフェッショナル」が重なって見えてきませんか？

結局、みなさんが**自分以外のものから「適切な答え」を引き出そうとするならば、それには「適切な問い」が不可欠**です。そして、**「適切な問い」は、自身の課題の明確化と、プロフェッショナルとの共通言語でもある最低限の「知識」があってこそ生まれます。**

つまり、生成系AIにプロンプト（問い）を入力するのも、経済学者とともにビジネス課題を立ち向かうのも、「ある程度の知識を持って自らの問いを明確に言語化し、批判的に思考してともに答えを探す」という点において、実は同じ性質のものといえるのです。

本当の課題は、簡単には言葉にならない

生成系ＡＩの爆発的な普及により、人々の間で「いかなるプロンプトを入れるか」が強く意識されるようになってきました。その「適切な問い」を、生成系ＡＩの分野だけにとどめてしまうのは、もったいないことだと思います。ビジネス課題においても「いかに問うか」を考え、精度を高めていく好機ではないでしょうか。


どんなにやり手のコンサルタントでも、ビジネスをまったく知らず、やったこともない若手ベンチャー経営者に、いきなり、

「僕のビジネスプランを成功に導いてください」

と依頼されたら、普通は、

「まずは、自分でやってみろ。そして、何か見えてきたら改めて相談においで」

と言うはずです。生成系ＡＩも、こうした曖昧な質問には、それ以上に曖昧で、内容のない答えしか返しません。経済学も同じです。

「経済学者」というプロ（ただし、ビジネスは未経験）にいきなり、「なぜかうまくいってません、何とかしてこのビジネスを成功させてください」と話しても、どうにもなりません。自分で多少は学び・理解しながら（選択肢**1**）、プロの力を借りる（選択肢**2**）からこそ、満足なアウトプットが得られるのです。

事実、第2章で実例を取り上げる、すでに学知を自社のビジネスに活用して成功している企業に詳しく話を聞いていると、しばしば「課題設定」「課題意識」の重要性が話題に上りました。経済学者の協力を得て自社のビジネス課題を解決していくにあたり、彼ら・彼女らは「問い（課題発見）」の重要性を理解し、熟考していた。だからこそ、学知のビジネス活用で成功を収めた先行例になれたともいえるのです。

ポイント

「問いを立てる力」を磨くためには「学び」が不可欠。

「経済学にはビジネスを前に進める力がある」と私が考える理由

経済学のビジネス活用で、世界で最も先を行っているのはアメリカです。**Google、Amazon など名だたる米国企業が、経済学の博士号保持者を積極的に雇用している**という話は、みなさんもどこかで聞いたことがあるかと思います。

それと比べると、日本はかなり後れを取っているといわざるを得ません。どれくらい後れを取っているかというと、アメリカの背中ははるか遠く、ぼんやりとした影すらも見えないくらいだと感じています。

ここ30年の経済力を比べても、コロナ禍の一時期を除いて成長を続けているアメリカに対し、日本は、ほとんど平均賃金が上がっていません。コロナ禍後、株価は順調に復活しているにもかかわらず、国民の実感では停滞の横ばいという体たらくです。

多様な立場・視点がそもそも不可欠

これほどまでに日米で経済力の差が開いている理由は、もちろん1つではないでしょう。ただその中でも、遠因として大きいのが**「ビジネスを効率的に進めてきたか（＝経済学をビジネスに積極的に活用してきたか）」の違い**ではないかと思っています。

まず、多くの米国企業のように、社内に経済学者がいる状況は、それだけビジネス課題に取り組む際の**選択肢が増える**ことを意味します。

近年、ビジネスパーソンが直面する課題は、ますます多層化・複雑化しています。そうした課題に取り組むにあたっては、多様な立場・視点からの意見が求められることから、ダイバーシティ・インクルージョンが企業にとっての喫緊の課題となっているわけです（残念ながら、中にはこの課題を自分事化できていなかったり、対処できていなかったりする企業も多いですが）。

米国企業において、経済学者の視点は、この「多様な立場・視点」の一角をなすものです。様々な立場や視点の人たちが、それぞれの専門的見地から課題解決法を検討するなかに、ごく自然に経済学者も存在している。経済学者たちは経済学的経済学の理論や手法をもって課題解決の方策を探っている。そしてときには経済学者たちで、アプローチが課題にフィットすることもあれば、まったく別のアプローチが課題にフィットすることもある。

このように、チームの一員として経済学者が関与することで、選択肢の幅を広げておくことができるわけです。

「社会を対象とする経済学」ほどビジネスになじむ学問はない

次に、経済学の学問上の特性もまた、日米の経済成長の差として考えられます。

経済学というと、難解な数式や理論がたくさん出てくるイメージがあるかもしれません。しかし、経済学は決して机上の空論ではなく、その**視線は常に「社会」に注がれています**。経済活動という社会的な営為を分解し、理解に努めるのが経済学です。

自社目線や、ケーススタディを基に利益を上げる方法を考えるのが「経営学」だとしたら、より広い社会目線で、理論をベースに利益を上げる方法を考えるのが「経済学」です。

今後、ますます社会が多様化・複雑化していくことを鑑みれば、経済学の持つ「社会目線でビジネスを考える」という観点には、**「多様な立場・視点のうちの1つ」以上の価値がある**のではないでしょうか。

そもそもビジネスとは、企業あるいは個人が社会とつながり、ある価値を提供し、対価を得るという社会的行為です。ならば、社会を対象とする経済学をビジネスに活用しようというのは、ごく自然な発想といえるでしょう。

経済学ほどビジネスになじむ学問はないといっても過言ではありません。

米国企業はもう、経済学の価値に気づいている

アメリカでは、すでにかなり経済学の博士号保持者の雇用が増えていることは、先にも触れました。Googleのハル・ヴァリアンの貢献を出すまでもなく、すでに数え切れないほどの経済学博士号保持者が重用され、企業の重要なポジションに就いています。

さらにいえば、アメリカの最先端企業の場合は、経営陣に経済学の博士号を保持しているメンバーが入っているケースも珍しくありません。**経営者自身に経済学の知見があったほうが、学知をより深くビジネスに活用していける**はずです。

このように、ビジネスにおける経済学の活用に関しては、現時点では日本のはるか先を走っているアメリカですが、伝統的に経済学が重視されてきたわけではありません。実は、経済学をビジネス活用する機運が高まり、ビジネスサイドから経済学者サイドへと盛んにアプローチされ始めたのは、1990年代〜2000年代でした。

それに経済学者サイドが応えたことでビジネスの成果が上がり始めると、今度は、企業が自社内に経済学者を置くようになり、ようやく今になって、最先端企業では「経済学者とともにビジネスを行うのが当然」となったわけです。

成長を続けるアメリカ、停滞が続く日本、経済学がカギ？

経済学のビジネス活用が当たり前になってきた経緯と、ここ30年ほどのアメリカの経済成長とに何かしら関係性があるはずですが、ここではその検証を行うことが目的ではありません。

ただ、日本企業だって、この30年間、手をこまねいていたわけではなく、いろいろと手を尽くしてきたはずです。考えに考え、取り得る策は取ってきた。それでも経済が低迷しているのは、**日本企業が今まで考えつかなかったこと、策を講じてこなかったところに成長のカギが隠れている可能性がある、**と見ていいのではないでしょうか。

アメリカと日本では、ビジネスの慣習も、組織のあり方も、働き方も大きく異なるため、アメリカとまったく同じことをせよ、とはいいません。

しかし、多くの成長企業が存在しているアメリカで採用している専門人材に注目し、経済学という有効なツールを自分たちのビジネスに合う形で取り入れるというのは、日本のビジネス界に対しても、ごく当たり前の提案のように感じています。

課題解決の選択肢の1つとして「経済学」活用の可能性を思い浮かべられるかどうか。課題解決の相談相手として、「経済学者」を思い浮かべられるかどうか。まずはそこが、大きな分岐点になると思います。

ポイント

「経済学」を選択肢の1つと捉えるだけで可能性はぐっと広がる。

「勘と経験」が会社と個人にもたらす成長の限界点

一般論として、日本企業では **「経験則」** が重んじられます。長年の経験によって培われた、**非言語的で属人的な勘**こそが重要な意思決定の局面でものをいう。過去の成功事例を重視する。そういう企業文化を持つところが多いのではないでしょうか。

あるいはその傾向がより顕著で、「今までこうしてきた」という伝統という名の不文律が強固に根づいており、何をするにも「今までのやり方・考え方」に立ち返ることを社員に求める経営者も多いでしょう。その伝統から外れようものなら、上司に目をつけられて働きづらくなることもあるようです。

もし、かつては軌道に乗っていたのに、今、その状況に陰りが生じていたり、他社の成長から取り残されたりしているならば、**経験則や勘の扱い方をいま一度見直すこ**

とをお勧めします。

極端ないい方をすると、社員全員が「井の中の蛙」状態で、外の世界に目が向かない。今までのやり方とは違う方法で飛躍している他社の例も目に入ってこない。そんな状態に陥っている可能性があるからです。

世の中はますます「勘」と「経験則」が利きづらい方向へ

もちろん、職人技など、勘と経験を積み重ねれば積み重ねるほど仕事の精度が上がる分野もあるとは思います。他方、IT化と高速化が進み、ビッグデータが当然になった今の時代、おそらく存外に多くの分野で、長年の勘と経験だけでは太刀打ちできなくなってきています。

たとえば顧客データひとつをとっても、昔は紙のアンケートを配布し、顧客の厚意により記入して返送してもらう、というのが普通でした。かなりアナログな方法ですし、一定数の顧客はアンケート記入しないので、蓄積されるデータには限度がありました。

ＩＴが浸透した今、顧客の年齢から居住地、商品の購買傾向など様々なデータが、インターネットでの顧客情報の登録により、企業側に届き、自然と蓄積されていきます。

あらゆるビジネス環境において、質・量ともに以前とは比べものにならないデータが簡単に手に入る状況にある。そして、前述のようにそうしたデータを活用して成長を遂げている企業が多数ある。そんな現状です。

こうした状況だからこそ、この膨大なデータから新たな示唆を得るため手法として「経済学」という武器が必要になってきました。**「経験と勘」による解決策を裏付けたり体系立てて戦略を練ったりするものとして、経済学を活用していただきたい**のです。

ひょっとしたら、自社と同規模の同業他社では、学知をベースにデータ分析を行って新たな戦略を練っているかもしれません。

だとしたら、5年後、10年後、ライバルは見えないくらい先行する可能性もあります。そしてそんな差がついてしまってからでは、追いつき、追い越すのは容易ではありません。5年、10年前に活用し始めたライバルは、さらに集めた膨大なデータを分析して、より加速度的に成長していくからです。

今のままの努力では、目指す結果はついてこない

今現在、多くの企業では、業務にパソコンを使用するのは当たり前です。もし新入社員が、パソコンを使えなくて、

「自分はパソコンが使えません。すべて、アナログな手段でコツコツ頑張ります！」

と言い出したら、みなさん呆《あき》れてしまうでしょう。

まさに今、私は、「ビジネスパーソンにとってのパソコン」のように感じています。（経済学を基礎とした）データ活用」が、この「新入社員にとってのパソコン」のように感じています。

「自社では、（経済学を基礎とした）データ分析を一切できません。前例・経験を基に最後は直感を信じて、気合と根性でコツコツ頑張ります！」

といったところでしょうか。努力自体は大変すばらしい、けれども、**努力にもやり方があるよね、**という具合です。

経験や勘には意味がないとはいいません。ただ、**ビジネス環境が急激に、勘と経験則では戦いづらい方向に変化している**というのは、事実だと思います。

現時点では見えていない原因を見つけ、再現性のある成果につなげていくためには、誰にでも等しく開かれた学知に触れつつ、ビジネス課題に向き合っていくという新たな発想が必要なのです。

ポイント

「今までの成功パターン」を
時代に合わせてアップデートしよう。

経済学をツールとして使う心構え

「経済学をビジネスに活用しましょう」という話をあちこちでしていると、ときに、次のような2つの誤解をされることがあります。

誤解1　経済学を導入すると、目の前の課題がたちどころに解決する（「魔法の杖」的発想）

誤解2　経済学を導入すると、今までの仕事のやり方を一新しないといけない（「革命」的発想）

こうした誤解の背景には、おそらく、「ある大きなビジネス課題が持ち上がった↓経済学の○△という手法で検証してみる↓課題を乗り越えビジネスが成功した！」というように、劇的なビフォア&アフターがあるようにイメージされているのではないかと思います。

ただ、ここで「誤解」とはっきり書いているとおり、**経済学は、どんな課題でも、たちどころに解決してしまう魔法の杖ではありません。**

また、「抜本的に変わるというよりも、今つまずいている課題を越えるちょっとした示唆につながる」ケースがほとんどです。たとえば、自社プロダクトの質や顧客満足度の向上や、顧客に対する施策づくり、さらには社内の業務効率化など。

イメージとしては、今あなたが行っているビジネスが軌道に乗って成長している。その成長のための改善策の随所に経済学のエッセンスがちりばめられている、織り交ぜられている、という感じです。

経済学者は「学者」。「ビジネスの先生」ではない

誤解**2**にあるように、「経済学者に言われたら、◯◯しないといけない」「◯◯しな

ければ、経済学を導入できない」ということもまた、大きな誤解です。ビジネスに経済学を活用するためには、経済学者を「大上段からビジネス施策を授ける先生」と捉えるのではなく、**互いに尊重し合って「大小様々なビジネス課題にともに取り組む仲間」になる**必要があるからです。

経済学を遠い存在として捉えていては、一向に経済学者サイドとビジネスサイドの距離は縮まらないでしょう。もちろん経済学者サイドのほうからの歩み寄りも必要ですが、ビジネスサイドの意識改革も欠かせません。

ここでいう意識改革とは、**「自社を経済学的な目線から見つめると、ビジネス成長のチャンスが転がっているかも？」という発想を持つこと**です。

今はまだ、経済学にも経済学者にもなじみがなくても、「これから、どうやって利益を増やそうか？」と考えたときに、「経済学的考え方でビジネスを改革する」を選択肢の1つとして持つことが、重要な第一歩になるでしょう。

2000年代、アメリカに渡った日本人経済学者たちが目にしたもの

今後、日本企業において、本気で経済学を使ってビジネスを加速度的に改善していくためには、ビジネスサイドと経済学者サイドの歩み寄り、相互理解が欠かせません。では、日本の経済学者サイドは、どのような状態か、というと、まだ十全ではないにせよ、**自らの知見をビジネスに活用する準備が着々と整いつつある**といえます。

アメリカで経済学のビジネス活用が一気に進んだ1990年代半ば～2000年代、実は日本の経済学の世界でも、少しずつ変化を感じ取っていました。その頃アメリカに留学した若手経済学者たちが目にしたのは、経済学とビジネスとの、日米での距離の違いでした。

日本では、経済学者は大学や研究機関に在籍しての研究活動が一般でした。その中では、直接的に「お金を稼ぐ」「富を生み出す」といったこととはなるべく距離を取ろ

うとすることも多かったといいます。

かたやアメリカでは、経済学者が企業に入り込み、「どうやって企業収益を上げるか」を真剣に考えている。「著名な経済学教授が、大学から民間企業に移籍したらしい」という話も聞こえてくる。しかも、元教授たちは、成長著しい企業の中でも、マネジメントに近い立場にいて高額な報酬を得ている（そのくらい貢献をしている）らしい。

この大きな違いが、日本の若手経済学者らに与えたショックは計り知れません。

当然ですが、当時の日本には、経済学をビジネスに活用しようという動きはほとんどありませんでした。

それでも、帰国してからも、頭のどこかにアメリカで見たビジネスとの距離を感じていたはずです。事実、自身の研究課題として、企業にアプローチして現実のデータを提供してもらい、研究を進める**（その結果、企業課題に解決につながる）**、といったことは、最近事例として少しずつ増えてきています。

ビジネスサイドの準備も整えば、状況は一気に変わり得る

それから約20年。当時は若手であった経済学者たちが、今、多くの大学や研究機関の主力人員となりつつあります。また、大学で学生を指導する立場でもあります。

その影響を受けた学生たちが、**「ビジネス活用できる学問としての経済学」**を当たり前のものとして認知している次世代の学者・ビジネスパーソンとして成長しつつあるのです。なかには、すでに経済学者として企業とともにビジネス課題に取り組んでいる人もいます。

まだまだ道半ばながらも、経済学のビジネス活用例がちらほら見られるようになってきました。**経済学の有用性に気づいた企業から、次なる飛躍に向けて変わり始めているのです。**

私が見ている限りでも、若い学者はビジネスサイドとの距離の縮め方がこなれてい

る、フランクなコミュニケーションがうまい、ビジネス課題の理解が早いなど、**企業と連携できる経済学者の層は着実に分厚くなっている**と感じます。

経済学者も十人十色ですから、中には自らの専門分野をビジネスに活用することなど想像もしていない経済学者もいるでしょう。

けれども、多くの学者にとっては、ビジネスに飛び込むというのは、企業が保有する多くのリアルデータを研究の一端に活用できる絶好の機会。多くの経済学者が、ビジネスサイドに対して何かしらの興味を持っていると考えて間違いないでしょう。ビジネスサイドがその気になれば、経済学との接点をつくれる可能性は、今後一気に高まっていくはずです。

ポイント

「使えるビジネスツールを見つけ、うまく使ってやろう」という視点で経済学を見てみよう。

経済学を「使えない企業」は存在しない

ここまでで、「経済学をビジネスに活用していこう」という心構えはご理解いただけたかと思います。ただ、中には、

「経済学を活用しようといっているけれども、それができるのはIT企業など一部の企業だけで、うちの会社ではそもそも難しいんじゃないか」

「結局、恩恵があるのは、大企業をはじめとする、膨大な顧客リストを持っている、ビジネス規模が大きい一部の企業だけなんじゃないか」

という疑問が浮かんでいる人もいるかもしれません。

たしかに業態によっては「学知との掛け合わせ」を想像しづらいかもしれません。

しかし、**現代において経済学のエッセンスがまったく役に立たない企業はほぼ存在し**

ないといっても過言ではありません。

「データ」が集まるところに、「経済学の活用」の可能性あり

なぜ、どんな企業においても、経済学が役に立つといえるのか、それは、「データ」がちゃんと集まってくれれば何らかの形で活用できる可能性があるからです。そして今や、いっさい「データ」を扱わない企業はないに違いないでしょう。

ここでいう「データ」とは、たとえば顧客のデータ、製品の価格や売れ行きのデータ、製造ラインで発生する不良品のデータ、仕入れ価格のデータ、従業員のデータなど。何かしらのビジネス活動、あるいは日常生活を営めば、もうそれだけで何かしらのデータが生成、集積できてしまう時代です。

経済学を活用してみようというのは、その（何かしら）集積されたデータを用いて企業のパフォーマンスに関連する示唆を見つけていくことです。ですから、どんな企業

であっても、自社の課題に関わる何かしらのデータをちゃんと集積できれば、学知を活用できる可能性が高まっていきます。

やはりIT企業——クチコミサイトやポータルサイトなどインターネット上で展開されるサービスを提供している企業——の場合、サービスそのものがデータを集積していることが多いため、活用の幅はより広いのは確かでしょう。実際、多くのIT企業では、自社サービスの収益や品質向上などで学知に重きを置いた活用をしています。**その点でIT企業は経済学との親和性が高い**（経済学との掛け合わせを想像しやすい）**といえますが、経済学の汎用性はもっともっと幅広いのです。**

マーケティングから業務効率化まで——経済学の汎用性

経済学が活用できる具体的な事例をいくつか挙げてみましょう。

・顧客データの中から優良顧客をどうやって見つけるか。
・既存顧客にもっとファンになってもらうにはどうしたらいいか。
・利益を最大化するための価格改定はどうするか。
・フードロスを最低限に削減するために施策を考えたい。
・ESG（環境、社会、ガバナンス）に関する活動を、どうにか企業価値に反映させたい。
・自社商品の最適な販売方法を検討したい（最適な買い手に購入してもらうための市場設計ができているか）。
・従業員の作業ミスを最低限に抑える方法を検討したい。
・どうしたら従業員のモチベーションを維持、向上できるか。
・社内の業務効率化のために何をすべきか。

これらはほんの一部です。ざっと主だった用途を挙げようとするだけでも、とても紙面が足りません。

かいつまんで経済学に触れてみるだけでも、ビジネスに使えそうなエッセンスがあることがおわかりいただけると思います。

ここで挙げた多くの課題を丁寧にひもといていくと、実は、解決方法が学知と深く結びついていることも珍しくありません。少しでも経済学を学んだことがある方や、ノーベル経済学賞に関心のある方であれば、聞いたことがある理論がビジネスに直結していることに気づくことも多いでしょう。

ただ、残念なことに、多くのビジネスパーソンはそこまで丁寧に課題をひもといていくことはなく、経済学理論やそもそもの研究とビジネスとのつながりも見えてこないのが実際です。

また、経済学は「魔法の杖」ではないので、実際にデータ分析を始めたらいきなり結果が出てくるわけではありません。データ分析後、そこから得た示唆を基に改善策を立て実行するには、それなりに時間もかかるかもしれません。

しかし、たとえ少し時間はかかったとしても、**理論的な裏付けや根拠の持つ確実性を基に改善することからの気づきは大きい。**小さくとも前向きの変化さえ感じられたら、何となく「経済学を活用するとは、こういうことか！」と実感できるでしょう。

すると「この課題を解決したい」という目星の付け方、問いの立て方、経済学者とのコミュニケーションの取り方などの勘所もつかめていくはずです。

そこから徐々にステップアップするように活用の幅を広げていき、気づいたときには経済学がすっかり身近な自社の「ツール」として根付いている。

こうして**「経済学を自社のビジネスに活用する→前向きの変化が起こる→さらに活用する→さらに前向きな変化が起こる」という好循環**が起きていくことが切に望まれます。

ポイント

経済学のビジネスへの好影響はじわじわ訪れ、長く効く。焦らずじっくり取り組もう。

COLUMN

経済学者のみなさんへ

一方には実用的な経済学がある、一方には解決を待っているビジネス課題がある。ただ、長年日本は、ビジネスはビジネス、経済学は経済学、と別々の道を歩んできました。これから両者の距離を埋めるために、ぜひ、経済学者のみなさんには、学会の枠を飛び出した、一般向けの発信をお願いしたいと考えています。

たとえば、ある経済学者が一般向けの媒体に「レーティング」に関するコラムを寄稿したところ、各種の評価サービスを提供する企業から連絡が入り、サービスの品質向上に協力することになったという実例があります。

また別の経済学者は、自身の研究をより実用的なものとするために、企業に働きかけ、リアルデータの提供を受けました。その研究成果を見た企業から、その成果を実際のビジネスに活用していきたいと打診があったといいます。企業からすると、信頼できる研究成果を目の当たりにして、自社の企業成長に間違いなくつながるチャンスです。今後も継続して共同研究していくことで、さらなる企業成長につながると感じたのかもしれません。その企業では、それ以降、その他の課題でも経済学の積極的な活用が始まっているといいます。

細かい経緯は違っても、いずれも経済学者サイドからの働きかけが、経済学のビジネス活用につながったケースです。

現時点では経済学者から、「こういう研究があります。この研究は、こういう課題解決につながりそうです」と、かなり咀嚼《そしゃく》して発信しないと、ビジネスパーソンには課題解決ツールとして存在を知ってもらうことは難しいのが実情です。

一般企業に勤めている、経済学を学んだことのないビジネスパーソンが、「それぞれの公開されている論文を読んで、そこからこの課題解決に使えるかもと思い、連絡先から問い合わせして相談に行く」というのは、現実問題として無理と言わざるを得ません。

本書から、ご自身の研究分野をビジネスで活用してみたいと思われた方は、ぜひ、積極的に発信していただけたらと思います（一般向けの発信が難しいと感じている経済学者の方々、何かあったらご相談ください）。

第 2 章

事例と理論で学ぶ
ビジネス×経済学

経済学活用事例

1

サイバーエージェント

経済学で自社サービスを改善。企業価値向上へ

キーワード

因果推論、効果検証、マッチング理論、情報の非対称性の解消

活用レベル

★★★

社内に専門チームが在籍

企業プロフィール

「21世紀を代表する会社を創る」をビジョンに掲げ、大きく分けて「インターネット広告」「メディア」「ゲーム」と3つの主力事業を中心とする企業。

- 「インターネット広告」……広告効果最大化・AIを活用したテクノロジー・最先端技術を駆使したクリエイティブ制作

- 「メディア」……新しい未来のテレビ「ABEMA」、「アメブロ」「タップル」「WINTICKET」など様々なメディアを運営
- 「ゲーム」……「グランブルーファンタジー」「ウマ娘」

国内トップシェアを誇るインターネット広告事業をはじめ、新しい未来のテレビ「ABEMA」やゲーム事業を展開。インターネット産業の変化に合わせ新規事業を生み出しながら事業拡大を続けている。2016年に研究開発組織「AI Lab」を設立。社会実装および学術貢献を目指し研究開発に取り組んでいる。

取材

安井翔太氏（Research Scientist, AI Lab 経済学チームリーダー）・森脇大輔氏（Research Scientist, AI Lab 経済学社会実装チームリーダー）

経済学が「会社の強み」に育つまで

日本を代表するIT企業、サイバーエージェント。一般的には「ウマ娘」「ABEMA」などコンテンツにかかわる分野で広く知られていますが、実は社内に経済学者チームを擁する国内有数の企業です。

経済学者チームは、社内組織「AI Lab（デジタルマーケティング全般に関わるAI技術の研究開発を行うチーム）」の一部に位置づけられています。

AI Labは、社内の研究者だけでなく、多くの外部研究機関や大学の研究者とも共同研究プロジェクトをいくつも走らせているほか、現在では「経済学のビジネス活用」の対外コンサルティングも行っています。

「経済学のビジネス活用」という点でも、間違いなく日本の最先端を走る企業の1つといっていいでしょう。

多岐にわたるサイバーエージェントの事業のなかでも、経済学が大きく活用されている事例として、ここでは「インターネット広告事業」「行政ＤＸ（デジタルトランスフォーメーション）事業」の２つを紹介します。

「ＡＩ任せではうまくいかない」――この問題意識が経済学導入につながった

サイバーエージェントで経済学のビジネス活用が始まったのは、２０１５年頃のことです。きっかけは、より効果的な広告配信を目指す中で、ＡＩによるユーザー動向解析だけではうまくいかないことが増えてきたという問題意識でした。

ＡＩの予測精度が低かったわけではありません。ただ、「ＡＩ的にはうまくいくはず」の状況をつくっても、「ビジネス的にうまくいかない」ということが続きました。たとえば、「ＡＩによって高い広告効果が見込まれる顧客を絞り込み、その顧客だけに広告を打てばより高い効果が得られる（＝効率がいい）はずなのに、実際にはそうならない」などの課題に直面していました（この話は次の項目で詳述します）。

そうした課題に対して、**ＡＩ任せにするのではなく、何か対策をと考えていく中で導入されたのが、経済学**でした。

同社に経済学のバックグラウンドを持つ研究者が在籍していたこと、経済学が世の中の事象を仕組みから解明し研究する学問であることが、その主な理由だったようです。

「経済学修士だった自分がＡＩに一度振り切ってみたという偶然がきっかけかもしれない」

と安井さんはおっしゃっていましたが、その「ＡＩに、経済学の実証研究を掛け合わせるとうまくいくかも」という直感が、現在の経済学のビジネス活用につながっているのです。

ちなみに同社では、経済学チームが見つけたビジネス課題をその経済学的解決法とともにビジネスサイドに提案することもあれば、ビジネスサイドから相談を持ち込まれることもあるといいます。

ビジネスサイドから経済学チームに対して、

「今、こういう課題があり、ＡＩや経済学を使ったら解決できるんじゃないかと思うが、どうしたらいいか」

という漠然とした相談ができること。そして、それぞれが抱える課題に対してＡＩと経済学の両面からソリューションを提示してくれる環境そのものが、同社における経済学導入の最大の特徴であり、強みだといえます。

「因果推論」でインターネット広告の効果を上げる

何かのウェブサイトを開いたときに表示される広告。見る側はあまり意識しないことも多いものですが、その裏側ではＡＩ・経済学両面から、様々な知見が用いられています。

「その人が興味を持ちそうな広告が打てるかどうか」「より反応のいい人に重点的に広告を打てるかどうか」。これによって、広告の効果は大きく変わります。このような問題は、**広告だけでなくクーポンのターゲティングやダイナミックプライシングといったマーケティングに関連する課題においても存在しています。**

その意味で、各広告がどれくらい「効く」かという価値の可視化はインターネット広告の重要テーマの１つであり、そこで近年注目されているのが、計量経済学の一分野である「因果推論」、俗に「効果検証」ともいわれる分野です。

インターネット広告の分野では以前から、ＡＩに過去の膨大なデータを学習させ、ＡＩが見つけ出した「反応のよかったユーザー」や、「類似の特徴を持つユーザー」に同様の広告を出す、ということを繰り返してきました。

ＡＩはデータを食えば食うほど予測精度が上がるので、蓄積とともにどんどん広告効果は上がっていくはずです。

実際、インターネット広告では独自の効果を定義し、それをＡＩで最適化する方向に発達していきましたが、あるときからそれがうまくいかなくなりました。**ＡＩによる広告のターゲットが実際の効果とは食い違う**ようなことが起こったのです。その原因は、**インターネット広告独自の効果の最適化が行きすぎた**ことにありました。

AIによる「行きすぎた最適化」をコントロールするための経済学

「因果推論」はデータと分析対象に関する知識を最大限活用して、「結果」から「原因」を推論する手法です。

インターネット広告においては、広告の「結果（ユーザーの反応など）」と、その結果を引き起こした「原因（広告の要素や広告を打つ対象など）」の関係性を明らかにするために、この手法が用いられます。

たとえば、広告生成AIから得られたA案とB案をそれぞれランダムに出して効果の違いを見る「A／Bテスト」を実施すれば、「どんな原因で、どう結果が変わったか」を知ることができるでしょう。

掲載する内容やキャッチコピー、広告を掲載するユーザーなど、様々な観点から「A／Bテスト」を行い、「どのような広告を見せれば（原因）、より多く買ってもらえ

因果推論とは?

たとえば

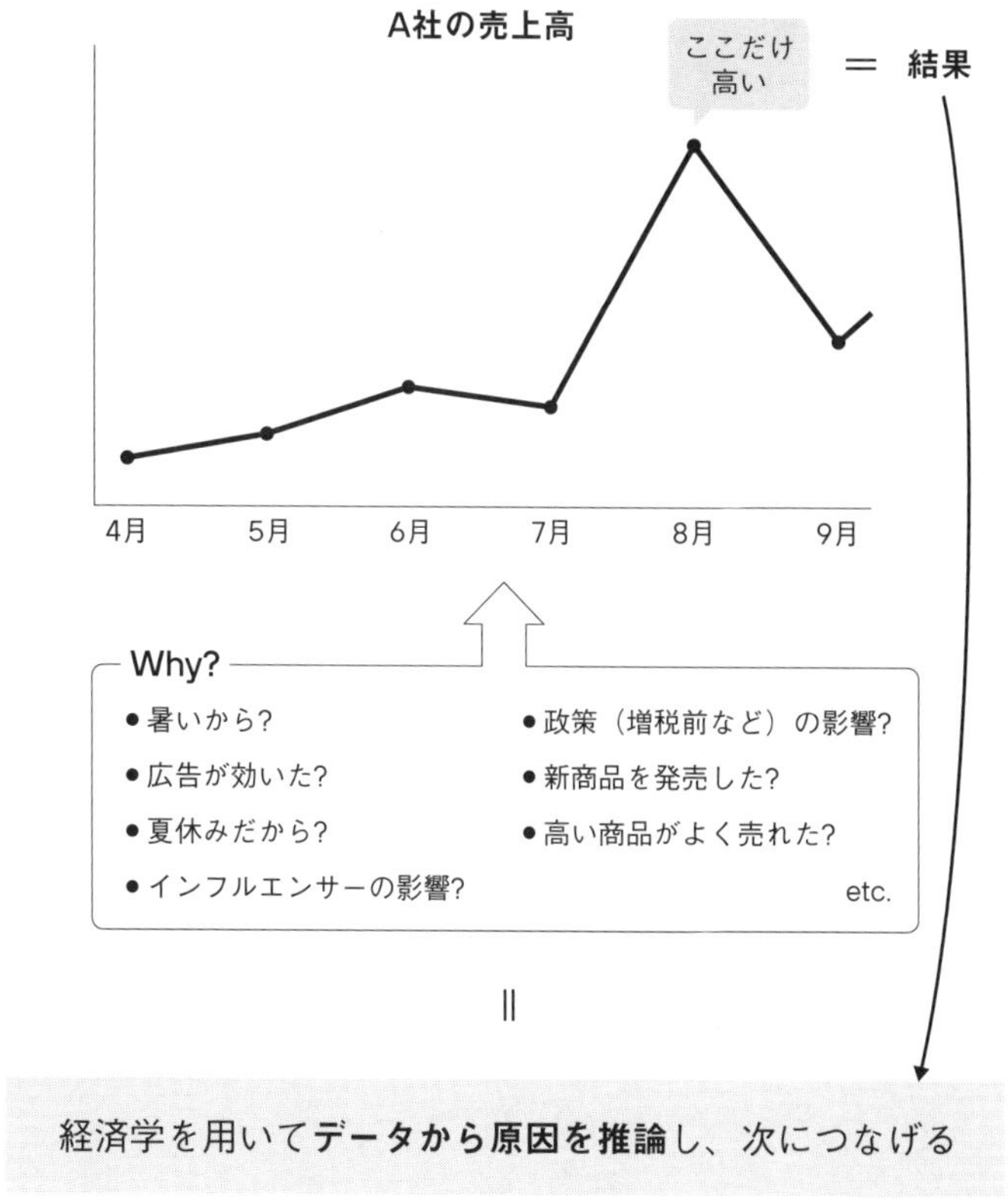
A社の売上高
ここだけ高い
= 結果
4月
5月
6月
7月
8月
9月
Why?
● 暑いから?
● 広告が効いた?
● 夏休みだから?
● インフルエンサーの影響?
● 政策（増税前など）の影響?
● 新商品を発売した?
● 高い商品がよく売れた?
etc.
‖
経済学を用いて**データから原因を推論**し、次につなげるるのか？（結果）」を推測する。そして、その推論をもとに広告配信のシステムや広告案の改善をすることで、広告配信でのＡＩ解析をより効果的に実施することが可能になっているというわけです（Ａ／Ｂテストについては、１３２ページ参照）。

このほかにも、経済学が実在する人間の意思決定と経済活動に焦点をあててきたが故に獲得した様々な分析上の知見や技術が、実際の広告配信でのＡＩ解析に影響を与えています。

ＡＩは高精度の予測を提供し、その予測を多様に活用することで、非常に高度なタスクを処理することが可能な技術です。しかし因果関係の推論や効果の検証に使うためには、経済学などの知見を取り入れた様々な工夫が必要です。

ＡＩの研究者やエンジニアもまた、データ分析やデータ処理の専門家ではありますが、原因と結果などの分析までは専門領域でないことが多いものです。

そこでそれらの点を、経済学の研究成果、ここでは因果推論で補っていく。

情報科学の分野と経済学の分野の研究者が、ともに１つの課題に立ち向かう取り組みが、「より効率のよいインターネット広告」を支えています。

「マッチング理論」で各人の希望に応えながら全体最適を図る

次にマッチング理論です。**マッチング理論は、様々な希望や嗜好を持つ者同士をどのように組み合わせたらいいか、限られた資源の配分方法について研究する理論です。**

マッチング理論は、2012年に第一人者であるアルビン・ロスがノーベル経済学賞を受賞するなど、数ある経済学分野の中でも非常にメジャーで、研究が膨大にある分野です。

世の中に目を転じてみれば、「マッチング」が重要な分野は多々あります。たとえばサイバーエージェントでは、行政DX事業を推進しており、とくに、昨今、とみに社会問題化している「保育園の待機児童」問題の解決にマッチング理論を活用する共同研究が進められています。

というのも、待機児童が生じる一因には、保育園、保育士の絶対数が少ないという問題もあるものの、別の大きな原因として「子どもを預けたい親」と「子どもを預かる保育園」のマッチングがうまくいっていないことが挙げられるからです。

「待機児童問題」の問題は「保育園が足りない」だけじゃない

子どもを預ける保育園を選ぶ際、多くの保護者はまず情報収集から始めると思います。教育方針はどうか、自宅や職場などから通いやすいか、雰囲気はどうか、評判はどうか。ご家庭によって、通いやすい場所や教育方針、求める雰囲気などは違い、また優先順位も異なるのは当然です。

しかしそれ以上に、前提として誰もがまず気になるのは「そもそも、子どもを預けられる保育園を見つけられるかどうか」だと思います。

「あの保育園は評判がいいって聞くけど……人気だし、入れなかったら困るから」

マッチング理論とは?

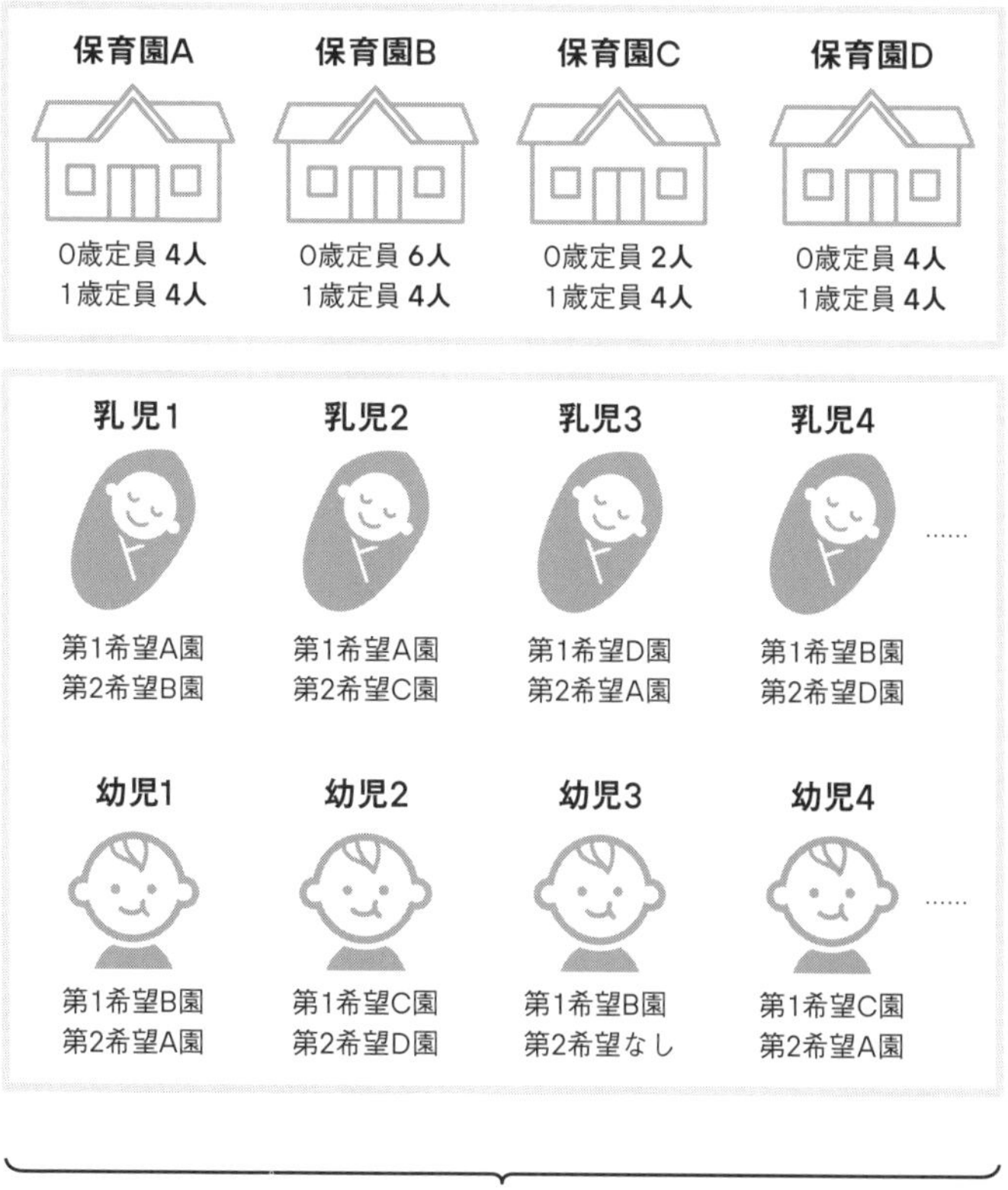

誰をどこに入園させると全体の満足度が上がるのか、
公平で最適な組み合わせを見つける

「ちょっと遠くて不便だけど、入れないよりはマシだから」

「第1希望に落ちて定員の余った保育園に回されるくらいなら、最初から別の保育園を希望しよう」

などと、「入れそうな保育園」を第1希望にした、という話はよく聞きます。

ただ、第1希望を妥協して選んだとしても、そこにも入れるかどうかはわかりません。あるいは、多くの人が妥協して希望を出しているならば、そうして決まったものが理想的な結果かどうかも疑わしい。


みながよりよい保育園に通えるようにするために求められるのは、保護者が「入りやすそうな順」ではなく「入りたい順」に申請したほうがいいと思えるような申請方法を編み出すことです。

これはつまり「保護者と保育園のマッチングの満足度を上げること」、そして「より満足度の高いマッチングを実現し得るアルゴリズムを設計すること」を意味します。

この、本来の優先順位で申請したほうがいいと感じる手法の構築に、マッチング理論は適しているのです。

「情報の非対称性」——経済学の基礎知識が大きなヒントに

さて、ここまでの話で、「そうはいっても、やっぱり駅から近いとか、評判がいいとかで、保育園の人気は偏るし、結局満足できない人が増えるのでは」と思う方もいるかもしれません。

ここにも、サイバーエージェントは、経済学の考え方である**「情報の非対称性」**を役立てています。

情報の非対称性とは、**関係者全員が持っている情報に偏りがあること**を指します。ここでいえば、自分の家に近い保育園や知り合いの子が通っている保育園、いつも使う駅近くの保育園はよく知っているので希望順位が上がりやすいけれども、それが本当に他の保育園よりもその人に都合がいいとは限らない、ということがいえます。

それに対しては、希望保育園の申請画面に、保育園の文字情報だけでなく自宅や最寄り駅からの距離が一目でわかるような検索マップも掲載すると、保護者にとって重要な「送り迎えの利便性」についての情報の非対称性が改善します。

結果として、今まで各保育園の住所の文字情報で選んでいた優先順位とは少し変わってくるでしょう。それぞれが「自分にとって都合のよい選択」ができる可能性が上がるのです。

この情報の非対称性による機会損失は、想像以上に多岐にわたります（別の企業の例は168ページ参照）。その分だけ、情報の非対称性を解消することのメリットは大きいものです。

現にサイバーエージェントは、東京都渋谷区や多摩市など、待機児童問題に取り組む自治体とともに、「保育所マップ」の実証実験やマッチング方法の改善、その効果検証などを通じて、保護者と保育園のよりよいマッチングに取り組んでいます。

「気がついてみれば当たり前」の課題ほど、当事者には見えにくい

一つ一つの改善を見ると、地図情報を載せるなど当たり前のことに思えるかもしれません。しかし、日々待機児童問題と向き合っている現場では、本質的な課題を見つけることは意外に難しいのが現実です。

こうした状況だからこそ、経済学の理論やその考え方が、課題を原因から徹底的に追究していくことにつながります。

公平性を維持しつつ、課題を明確化し小さな改善を繰り返していく。これこそ、物事や経済を俯瞰的に見ている経済学者の専門性が発揮できるところといえるでしょう。

これから「経済学のビジネス活用」を進めていくために

学者が在籍する企業での活用法

転職市場を中心に、優秀なエンジニアの引き抜き合戦が繰り広げられています。DX推進やAI導入のために、積極的にエンジニアを採用していきたい。そんな企業の思惑もうかがわれますが、しかし「自社に本当に必要な人材」を見抜くのは容易ではありません。

さらにいえば、そもそも「優秀なエンジニアを採用すればすべて解決」とはいかないのが現実です。

たとえば、ＡＩの導入により解決したかに見えるビジネス課題も、ほかの分野の研究者が見ると、まだまだ改善の余地だらけ、というのはよくあることです。

いくら優秀なエンジニアでも、一人で実現できることには限界がある。なぜなら、**企業が抱えているビジネス課題は、どんどん複雑化しているから**です。

経済学以外にも求められるようになってきた専門性

近年、企業が取得できるデータは膨大になっています。データが膨大になると、企業課題に関しても様々な観点で分析することが可能となるでしょう。しかしその分、様々な観点の専門性が必要になってきます。ある１つの課題に対して、**様々な分野の専門家が集まって解決策を検討する必要性**が出てくるのです。

この流れは、病院における患者へのアプローチにも似ています。ある患者の病状のデータが多角的に集まれば、様々なカンファレンスを行い、その患者に最適な医療行為やケアを検討していくことになるでしょう。そこでは、それぞれ違う専門性を持った関係者で議論をすることが求められるはずです。当然、病院によっては、その分野の専門医師がいないこともあるでしょう。

医療現場では完治のために転院して手術という選択肢もありますが、ビジネスの現場ではそのような選択肢はありません。

かといって、採用を担う人事部で、エンジニアの専門分野とビジネス課題の整合性を取るのは難しいでしょう。たとえその眼力があったとしても、複数のビジネス課題ごとに別の専門性を持つエンジニアを採用するというのは、コスト的に現実的ではありません。

ならば、一企業としてはどうすればいいのか。この点においても、サイバーエージェントの事例は有益な手掛かりになるでしょう。

研究者チームを持つ強み

先に少し触れたように、サイバーエージェントの経済学チームは、社内だけでなく、外部の研究者とも共同研究をしています。それが、より高度な経済学のビジネス活用に直結しています。

また、経済学チームのメンバーは、総合職採用の社員同様に様々なプロジェクトに関与しています。ここが、いわゆる「専門職採用」との違いであり、多くの現場に出向くことにより学知実装の可能性を図ることが可能になっています。

もう1つ、社内でデータサイエンスに関連する様々な研修を行っているのも、サイバーエージェントでの経済学の実装のカギといえそうです。

課題は、自ら「これが課題です」と訴えてくるわけではありません。「まず課題を発見できる能力」を社員が身につけることが、解決に向けて動き出せる人材育成の第一歩です。データサイエンスのみならず、「学知」を活用するという課題解決法があると気づくことが重要であり、サイバーエージェントには、それがすでに浸透しているのです。

サイバーエージェントで行われている研修は、ビジネスサイドにもアカデミックな視点を持たせるものではありますが、決してビジネスサイドに経済学の専門家になることを強いるものではありません。視点の獲得を通してアカデミックサイドとの「共通言語」を理解することで、両者の意思の疎通が格段にスムーズになる、というのがポイントです。

実際、サイバーエージェントでは、よく経済学チームのメンバーとビジネスサイドのメンバーが集まって議論するといいます。

ともに既存のビジネスモデルについて議論し、可能性を追求していく。その中で、ビジネスモデルと理論の食い違いや独自のアイデアが飛び出す。研究で実証されていることと現実のビジネスでの相違も見えてくる。そこから、新たなものが生まれてくることも多くあるそうです。

私たちはつい、専門家というと、それだけを追いかけていて、どちらかというと世間知らずな集団という印象を持ってしまうかもしれません。

しかし経済学者の中には、世の中をよく見ている人がたくさんいます。ビジネスサイドのように自分たちのビジネスを中心に物事を捉えることもなく、世の中を俯瞰的、客観的に見て疑問や違和感を浮かび上がらせる。そこから始まった研究には、ビジネスに実装可能なものも多いのです。

理論とビジネスの間に橋をかける

もちろん費用対効果なども考慮しなくてはいけないため、実装可能といいながらも、現実に実装できるものばかりではありません。とはいえ学者サイドとビジネスサイドがともに「実装のために動く」ことにより、信頼関係を高め、ビジネスを発展させていくことにつながります。

はじまりは、「今あるデータをどう使うか」「データを活用して、よりビジネスをグロースさせるには?」というような問題意識かもしれません。そのためには、ＡＩのような機械学習に期待を寄せることとなるでしょう。

しかしＡＩによって弾き出された結果を「どう判断するか」というフェーズにおいては、データサイエンスの枠を超えた多角的な知見や多様な専門性が求められるはずです。

今の結果で満足できるのか、それとも、もっといい結果が出る可能性があるのかの見当をつけ、試行錯誤を繰り返す。これによって、学知をビジネス活用できる仕組みができあがっていくというわけです。

データサイエンスもＡＩも、単独では、あらゆるビジネス課題を解決することはできません。

優秀なエンジニアが一人いれば事足りるような単純な話ではないということも含め、経済学のビジネス活用は「チーム」で成し遂げていくものである。サイバーエージェントの取り組みは、そのことをよく物語っています。

経済学は「AIと協働」するための強力な武器になる

経済学
活用事例
2

AppBrew《アップブリュー》（LIPS《リップス》）

経済学に裏付けられた「信頼」と「ユーザー満足度」

キーワード

データ分析、データ補正、レーティング

活用レベル

★★☆

社内に経済学者は不在。
外部学者と連携

企業プロフィール 国内最大級の化粧品のクチコミサービス「LIPS」（1000万ダウンロード超／2023年2月）を開発・運営する企業。10～20代の女性を中心に広く利用されており、化粧品のクチコミ投稿に対して、コメントや「いいね」「保存」「共有」ができるなどSNS感覚で利用できるのが特徴。LIPS内の自社ECサイト「LIPSショッピング」の運営や、美容関心層のクチコミ分析を簡易化するマーケティングツール「LIPS for BRANDS」なども展開。クチコミをチェックして商品を購入するユーザーも多い。主に化粧品メーカーとのタイアップ広告が収益の柱で、ほかにもECなどで収益を確保している。
データと仮説検証を基にした意思決定で新しいインターネットサービスを開発し、直近では、リサーチ・企画から広告制作、広告出稿、販売まで、化粧品・美容業界におけるバリューチェーンの包括的なデジタル化に取り組む。

取材

堀江慧氏（取締役CTO）、安間瑶耕氏（LIPS WEB 開発責任者）

膨大なクチコミから、ユーザーが素早く有益な情報を得るために

２０１６年創業の AppBrew は「ユーザーに求められるものを再現性をもって作る」という企業理念のもと、２０１７年から、コスメ・美容のクチコミプラットフォーム「ＬＩＰＳ」を展開しています。

２０２３年３月時点で、ＬＩＰＳのダウンロード数は１０００万を突破。ＬＩＰＳは今や、コスメ・美容の総合サイトである「＠コスメ」（株式会社アイスタイルが運営。１９９９年にサービス開始）に比肩するといっていいほど急成長を遂げています。

クチコミやレーティングのプラットフォームは、「プラットフォームやメーカーから依頼を受けたモニターやプロのライターが作成したレビューが掲載されるもの」と、「一般消費者がユーザーとして使用し、クチコミを投稿するもの」に大別されます。

LIPSはその両面から一般消費者の「実感を伴う正直な感想」を蓄積するクチコミプラットフォームです。多くのモニターの声とともに、一般消費者のクチコミや評価も掲載しています。サイトのユーザーが求めているのは、**コスメや美容グッズの購買を判断するための、偏りのない情報**です。

そうした情報を提供するためにLIPSが集めているのは、まさに「ユーザーの生の声」です。サイトユーザーであれば、クチコミ投稿者を選別したり、投稿数の制限をしたりはしません。また「評価手法の手引き」などのマニュアルも定めていません（ただし、誹謗中傷の禁止や著作権・薬機法などのガイドラインは存在します）。

2023年9月時点で、クチコミが投稿されている商品数は12万点超、クチコミの総数は430万件超に達します。サービスの成長にともなって投稿数は急激に伸び、多様な属性やバックグラウンドの投稿者のクチコミを閲覧することができます。

多すぎるクチコミでは「何を見たらいいかわからない」

「膨大な情報がある中で、いかにユーザーが素早く自身の求める情報にたどり着き、納得のいく意思決定を下せるようにするか」。

これが、急成長を遂げる中で生じ、そして現在、経済学の学知を活用して対処している、ＬＩＰＳのビジネス課題です。

ユーザーになったつもりで考えてみてください。あなたは次に買うものを検討していて、クチコミを見ることにしました。いくつかの商品に絞り込んで、クチコミを見比べようと思ったのに、一つ一つの商品について、それぞれ万単位の量のクチコミが投稿されていたら、どうでしょうか？

膨大なクチコミ情報があるのは、いろいろな商品をよく知るうえでは頼もしい。けれども、どんなに熱心な人でも、そのすべてを読むのは不可能ではないでしょうか。かといって、いくつかのクチコミをランダムに読んでみたところで、肝心の「自分には合うか、合わないか」を判断し、「買うか、買わないか」の意思決定を下すのに十分な情報を得るのは難しいはずです。

「適切に要約された情報を読みたい」「総合評価が知りたい」というのが、クチコミサービスに対するユーザーの強いニーズなのです。

そうなると、サービス提供側に求められるのは、ただ「クチコミ」という情報を漫然と並べておくことではありません。**ユーザー利便性にかなうよう情報を集計して提示すること、いわば一種のキュレーション**です。

ただ、百万単位のクチコミを人力で集計するのは、量の側面でも公平さという側面でも無理筋でしょう。

それで、先ほども述べた「膨大な情報がある中で、いかにユーザーが素早く自身の求める情報にたどり着き、納得のいく意思決定を下せるようにするか」が課題となりました。人力ではなく**機械的に、効率的かつ、何より重要なポイントとして適切に行うための「賢い仕組み」が求められていた**というわけです。

「データ補正」──みんなの平均で「星の数」を決めてはダメなわけ

ＬＩＰＳのクチコミは、使用感などをまとめた投稿文と、５を最大とする星の数で構成されます。このうち定量的に集計可能なのは「星の数」のデータですが、ここにこそ、実は大きな課題が潜んでいるのです。

「星の数を集計する」というと、最もスタンダードでシンプルな手法は「単純平均をとること」です。

たとえば、ある１つの商品に対して10人のクチコミが投稿されている。うち３人が星５つ、３人が星４つ、３人が星３つ、１人が星２つをつけていたとしたら、この商品は星３・８と評価できる、という具合です。ＬＩＰＳでも、サービス開始当初は、この集計法をとっていました。

LIPSが成長し、ダウンロード数が伸び、クチコミの件数が増加、内容も多様化。すると、**単純平均では、それぞれの商品の評価の違いが、だんだんとうまく表せなくなってきた**といいます。

平均によって弾き出された評価は、本当に、商品の真価を物語る指標として、ユーザーが購買の意思決定を下す助けとなるのか？

「平均で高評価」とは、果たして、それをもとに購入を決めたユーザーの満足度を、どれほど担保し得るものなのか？

コスメ・美容のレーティングプラットフォームとして、公正かつ適切に機能しているのか？

こうした課題意識が、避けては通れないものとして浮かび上がってきました。

「平均」は本当に平等で公平な数値なのか？

なぜ、単純に平均をとると、正しい評価が得られないのか。その理由としては、大きく4つ考えられます。

1つめは、**「ユーザー一人一人の星の数の意味」**の問題です。

たしかに星の「数」は定量的なものです。しかし、投稿者の「星の数ごとの良しあしの感覚」は同一ではない。星の「数」ごとの意味合いという定性的な側面を考慮せずに単純に「平均をとる」という素朴な集計法では、正しく情報を集めることができません。母数が増えれば増えるほど、情報の確度を上げるために、データに「適切な補正」を加える必要性が生じたのです。

ＬＩＰＳには様々な属性のユーザーがおり、それぞれが様々な商品を使ってクチコミを投稿しています。複数の商品にクチコミ投稿をしている人も珍しくありません。

レーティングとは?

人によって意味合いの違う「星の数」から、
より適切な1つの評価を算出する

そうした状況では、「平均星4つ以上の甘口ユーザーAさん」や「いつも星2つ以下の辛口ユーザーBさん」など、ユーザーごとの投稿の傾向も出てきます。

たとえば、甘口ユーザーAさんと辛口ユーザーBさんの2人が、同じ商品にクチコミを投稿していたとします。そして、この2人の評価は、ともに「星3つ」でした。

この2つの「星3つ」を、まったく同じ扱いとして捉えていいでしょうか？

それぞれの評価の傾向に鑑みれば、Aさんの「星3つ」は「少し低い評価」だし、Bさんの「星3つ」は「いい評価」と捉えるべきなのではないか。そのためには、**データの補正は不可欠**です。

クチコミがなおさら気になる「新商品」。適切な評価が難しいわけ

2つめは、**「新商品」**の問題です。

化粧品は、日々新商品が発売されています。どの商品も、最初はどうしてもクチコミ件数が少ないものです。ただし、クチコミ件数が少ない場合、1件のクチコミの影響力が相対的に強くなってしまいます。

極端な例を挙げると、クチコミ件数が1件で「星1つ」の評価だった場合、単純平均をとると、その商品の評価は、当然、「星1つ」となるわけです。

ではこのクチコミ件数1件「星1つ」、単純平均「星1つ」の商品は、本当にダメな商品なのでしょうか？　この1件の投稿者の肌質とはたまたま合わなかっただけとか、もしかしたら同業他社による嫌がらせやステルスマーケティング（ステマ）の可能性だってあります。

これではユーザーの意思決定の助けになるどころか足を引っ張り、化粧品メーカーを困らせる原因になってしまいます。

新商品こそ、意思決定のために役立つ情報を提供していきたいという考えのもと、**クチコミ件数が少ない商品の場合の対策**を講じる必要がありました。

求められるのは、ステマ排除の対策のほか、ある程度の件数がたまって評価の確信度が高まるまでは、極端に高い、あるいは極端に低い評価にならないよう、中庸な評価に補正する仕組みです。

今、挙げた例の場合だと、ある一定のアルゴリズムによって少し高めの評価に補正されるようにすることで、とりあえずは妥当な評価となるように実装されています。

「化粧品」ならではの特性を、経済学で勘案すると？

3つめは、**「コスメ・美容ジャンルならではのクチコミルートの多様性」**の問題です。コスメ・美容ジャンルでは、メーカーがインフルエンサーに商品を提供し、クチコミを投稿してもらう、ということがかなり一般的に行われています。

LIPSではメーカー提供品のクチコミを禁じていませんが、ステマとなれば違法です。したがってメーカーから提供を受けた場合は、その旨を明記する取り決めと

「納得感のあるレーティング」は容易ではない

ケース①　クチコミ数が少ない

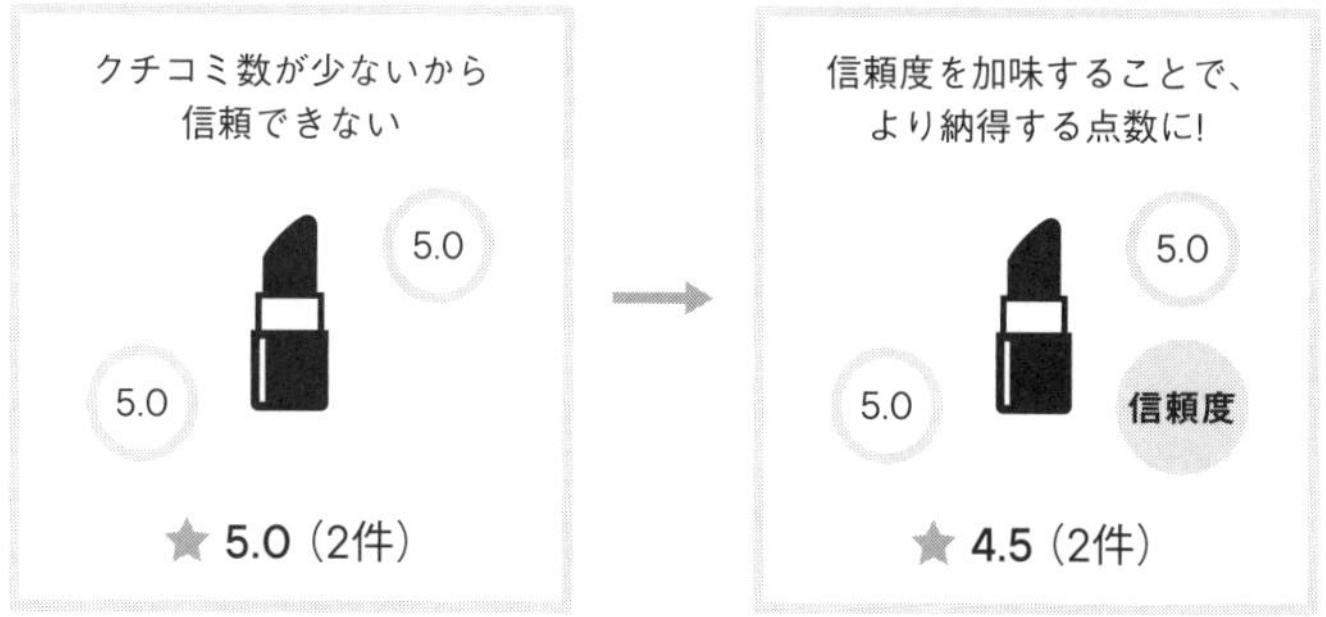

ケース②　提供品は高評価になりやすい

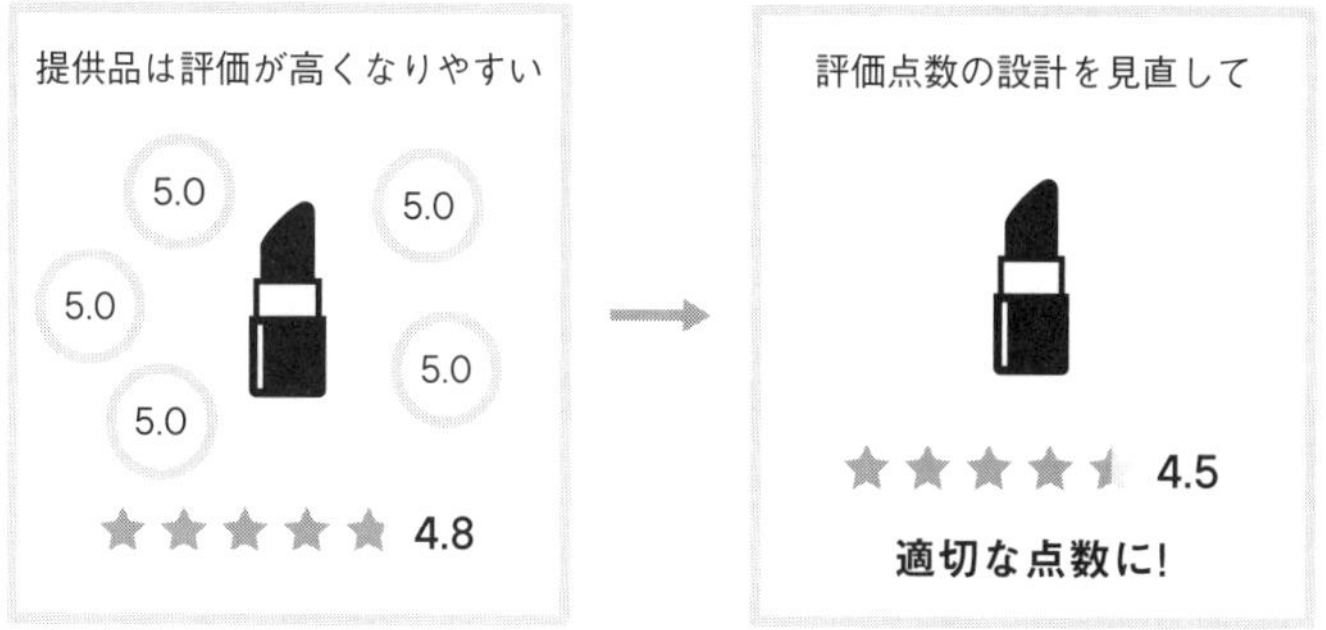

なっています。

ただし、それでも「無料でもらった化粧品を使ってみる」というイレギュラーな消費行動であるために、投稿者が通常とは違う感覚で評価する可能性は多々あります。「無料でもらったことで、好意や遠慮・忖度《そんたく》が働いて評価が甘くなる」場合もあれば、逆に、「無料でもらった＝自分の好みとはまったく合わない商品だったので評価がからくなる」場合もあるでしょう。

こうした歪みをいかに検出して調整するか、というのも課題でした。

最後に4つめとして、コスメ・美容ジャンルの興味深い点として、**「クチコミは全体として、高評価がつきがち」**という点にも触れておきましょう。

化粧品や美容グッズを購入し、実際に使ってみて、しかもクチコミまで投稿する。この労力と時間を割くユーザーの多くは「自分のおすすめをみんなに紹介したい、かなり熱心なユーザー」であり、星4つや星5つが多くなる傾向があるそうなのです。

他分野では「星1つ」「この商品がいかに劣っているか」というネガティブなクチコミも数多あるため、総じて好意的な評価をつけがちというのは、たしかにコスメ・美容ジャンルに特有の傾向なのかもしれません。

ともあれ、投稿者のモチベーションが「自分のおすすめを知ってもらいたい、広めたい」にあるというのは、クチコミ投稿の増加につながっています。

好意的なクチコミはメーカーも喜びますし、もちろん重要ですが、一方で中立的な立場から見ると、**「好意的なクチコミばかり」というのは情報の偏りにほかなりません。**偏った情報しか見えなければ商品の難点に気づけず、ユーザーの意思決定の指標にしづらいということにつながります。そのため、評価が必要以上に好意的にもネガティブにもなりすぎないように、アルゴリズムを調整する必要があるわけです。

このように、ＬＩＰＳに掲載されている商品の評価がユーザーにとって有益で妥当なものとなるよう、統計的な手法や経済学の視点が取り入れられ、仕組み化されて、「素朴な平均値」が適切に補正されている。これが、AppBrew流の学知の活用法といえるでしょう。

「レーティング」――納得と信頼を得るための「適切な情報開示」とは？

ＬＩＰＳのようなレーティング事業は、今やある種、権威性を持った公共サービスに近い存在になってきています。何かを決めるときに、星の数や点数表示を見ている人は非常に多く、その結果次第で、商品の売れ行きにも多大な影響が出る。

そうした存在であるがゆえに、評価方法は、いってみれば一番の「キモ」の部分です。**ユーザーやメーカーから納得感や信頼感を得られるか否か**の根本は、この評価方法にあることは間違いありません。悪用されると信用の失墜にもつながります。

そのため、企業秘密として非公開というスタンスをとっているレーティングプラットフォームも少なくありません。

では、AppBrewはどういう立場をとっているか。同社は「ユーザーからの信頼」を何より重視しており、それゆえにレーティングの評価方法の一部を、「当社のレーティングの評価方法はこうです」「このたび、こういう変更を加えました」という形で一般公開しているといいます。

なぜサービスのキモ「レーティング方法」を公開するのか？

なぜ、「キモ」の部分をわざわざ公開するのか？　それは、**商品の評価方法においても「信用」という観点を無視することができなくなってきているから**です。

人は、自分が権威性や公共性を感じているものに関して、少しでも「怪しい」「うさん臭い」と感じると、その存在自体を否定するほどの拒否反応を示します。そうなれば、ユーザー・メーカーともに、迷わず離反するでしょう。

肝心の部分がまったくのブラックボックスでは、ユーザー・メーカーからの信頼が限定的になるのは当然です。

実際、レーティング手法そのものに関して、ユーザー・メーカーともに見る目が厳しくなっています。

多くのユーザーは商品・サービスごとに様々なレーティングを参照しています。ときには、ある1つの商品・サービスについて、いくつものレーティングを見比べて、よりよい判断をしようとすることも珍しくありません。その際には、「このレーティングは何となく信用できそう」「このレーティングを鵜呑みにはしないほうがよさそう」「何だかうさん臭い」なども見抜かれ始めているのが現状です。

ユーザーの目が肥え、レーティングそのものの「信頼獲得のハードル」が高くなっているのです。

他方、メーカーも、クチコミひとつで商品・サービスの売れ方が大きく変わるため、レーティングにはユーザー以上に敏感です。

「説明責任」という言葉も社会的に用いられる時代だからこそ、**「透明性や公平性を担保する仕組みをつくり、公開すること」によって、ユーザー・メーカーからの真の信頼につなげていくことができる**のです。

ただし、レーティングの評価方法、つまり「手の内」を明かすことには、リスクも伴います。

何者かにハッキングされて商品の星の数を不当に操作されるかもしれませんし、レーティング最適化（メーカーにとってよりよいレーティングにしようとすること）を試みるメーカーの「LIPSの評価を上げるための手法」といった研究・戦略により、ユーザーから集めたクチコミの真の評価が歪められてしまう可能性もあります。

それでもAppBrewが、評価方法の一部を公開するという判断を下したのは、やはり、評価方法のブラックボックスはユーザーにとって不利益になっているから。そして、長期的視点に立つとユーザー・メーカーへの信頼が高まり業界発展や自社成長につながるという信念があるからでしょう。

適切な評価が、いい商品が生まれる土壌になる

評価方法の公開には、信頼獲得以外にもメリットがあります。それは、**商品力の向上**です。

公開された評価点数と内容を各メーカーが商品開発の参考とすれば、結果的に、「ユーザーに評価されやすい商品」――小手先のレーティング最適化で評価を操作する形ではなく、ユーザー利益にかなう「いい商品」という意味での「ユーザーが好む商品」が世に出ることになります。

AppBrewの持っている情報が、メーカーの商品開発に取り入れられ、ユーザー利益の向上につながる。

つまり自ら情報公開することについては、ユーザーとメーカーの両者にとって「価値あるプラットフォーム」になるというAppBrewのビジョンを、ゆくゆく実現することに寄与するだろうという発想もあるのです。

課題と展望

これから「経済学のビジネス活用」を進めていくために

社内に経済学者がいない場合の学知活用

AppBrewの社内には、経済学者は在籍していません。とはいえ、そもそもが代表取締役の深澤雄太氏が東京大学工学部システム創成学科在学中に興したスタートアップ企業ということもあり、もともとコンピューターサイエンスや工学系のアカデミックな背景を持つ社員が多くを占めていました。

レーティングの根幹課題に早期に気づいたのも、アカデミックな観点で適切な「問い」が立てられたからだと思います。そして、その課題解決に本格的に取り組むために外部の経済学者と共同で解決する決断を下したのも、そもそも学問、学知との心理的距離が近かったからでしょう。

社員の多くが経済学の入門書などにも親しんでいたといいますから、**「こういう課題だったら経済学の学知が役に立ちそうだ」という肌感があった**のです。

加えて、自社の課題解決に経済学を取り入れる後押しとなったのは、「食べログ」の訴訟問題（2022年、「チェーン店は不当に低い評価をつけられている」とするチェーン店の有志連合により提訴）だったといいます。食べログは外食、LIPSはコスメ・美容とジャンルは違えども、クチコミプラットフォームという業態は同じです。

LIPSの信頼性を強化し、よりユーザーの利便性を高めていくには、社内で試行錯誤するだけでは足りない。レーティングの専門家の客観的、専門的な知見を借りながら課題解決に取り組んでいかないと、レーティングの信頼性が失墜してしまう。食べログの訴訟問題を機に、こうした問題意識が、改めて社内で強く共有されました。

しかし、そうした課題があったとしても、**研究者に相談するというのは、スタートアップ企業にはかなりハードルが高い**ように思います。GAFAMなどの欧米IT企業やサイバーエージェント、Yahoo! といった大手IT企業とは違い、研究室に連絡することすら大きな壁になっているかもしれません。

その点、AppBrew は、アカデミックな背景を持つ社員が当初から多く存在したことで、「専門知をもって自社のビジネス課題を解決する」という発想が、ごく自然に働いていくのでしょう。

学知導入のための重要ポイント

専門知を活用するために一番重要なポイントは、**企業のビジョンやミッションと課題が明確であること**です。

AppBrew の最優先事項は「プラットフォーマーとして、ユーザーの切実な問題を解決する手助けをすること」。そのために何をすればいいのかを見いだせるよう、一斉アンケートやコアユーザーへのインタビューを行ったり、ときにはユーザー同士のコミュニケーションスペースに入ったりなどして、LIPSに対する要望をじかに吸い上げるようにしています。

先に述べた、「ある程度の投稿数がたまるまでは、中庸な評価に補正する」という件においても、「では、どれくらいの投稿がたまったら、その補正をはずしていいか？」は、アンケートでユーザーの声から分析して決定したものだといいます。

この一件を見るだけでも、「ユーザーとの距離」を大切にしているAppBrewという企業の特徴がわかるでしょう。

ユーザーとの距離を大切にし、常にユーザーの声にアンテナを張り巡らせていることで、AppBrewの課題意識は明確でした。だからこそレーティングの専門知を取り入れていこうという発想も即座に働いたのだと思います。

学知を使って、あなたは何がしたいのか？

冒頭に挙げた「ユーザーに求められるものを再現性をもって作る」という理念にも

現れているとおり、AppBrew に通底しているのは「ユーザーファースト」の姿勢です。

もし短期的な企業利益を追求したいのなら、ユーザーとの関係構築のためのアンケートやインタビューといった回りくどい方法はとらないでしょう。

ユーザーがＬＩＰＳのウェブサイトやアプリ経由で（ショッピングサイトに飛んで）購入するとＬＩＰＳに一定額のロイヤリティが入ります。ならば、どの商品もできるだけ高い評価が出るようにすれば、それを信じるユーザーの購入が促進され、どんどんロイヤリティを稼ぐ、というのも、考えられない話ではありません。

しかし、そんなことをしたらＬＩＰＳ、ひいてはレーティングそのものに対する信頼が下がってしまいます。長期的に考えれば、それはユーザー・メーカーの離反につながり、業績ダウンにつながるでしょう。

今や社会のインフラとしても機能しているレーティングという商品選択の仕組みの信用が失墜するのは、大きな社会的損失でもあるはずです。

クチコミを書くユーザー、参考にするユーザー、そしてコスメ・美容メーカー、すべてにとってＬＩＰＳが「価値あるプラットフォーム」でありつづけること。それが結果的に、AppBrew の長期的な成長につながります。そのためにはユーザー・メーカーとの永続的な信頼関係の醸成と、そこに立ちはだかる課題の解決が必要なのです。

レーティングのプラットフォーマーとして「ユーザーの信頼を得られる、いいレーティングとは何か」を追究し、実現することが自社の長期的利益に直結する――AppBrew のような「ブレない軸」を持つことが、学知を活用して成長を続けるためには重要です。

どういう課題意識があり、その課題を解決することで、どのような成果を生んでいきたいのか、いかなる理念を実現していきたいのか。

経済学をビジネスの武器としたいと考えた場合には、まずそこが明確であるか、なおかつ、しっかり言葉で説明できるかを確認することが必須でしょう。

企業側にそうした準備ができていなければ、学知は無用の長物になりかねません。**学知は「バリエーション豊かなツール群」。いかに活用するかは企業次第です。**

「信頼」の裏側には根拠が不可欠

経済学活用事例

3

Sansan

「業務改善」から「自社プロダクト開発」まで幅広い活用法

キーワード

CRM（顧客関係管理）、A／Bテストの効果的使用法

活用レベル

★★★

社内に専門チームが在籍

企業プロフィール

営業DXサービス「Sansan」や名刺アプリ「Eight」などを提供し、活きたデータとテクノロジーの組み合わせで、ビジネスの出会いをよりよきものへと変え、世界を変えていこうと考えている企業。

「Sansan」は、スキャナーやスマートフォンアプリで読み取った名刺やメールの署名、ウェブフォームの入力内容といった顧客との接点から得られる情報を、独自のオペ

レーションシステムによって正確にデータ化し、人脈情報を企業内で管理・共有することを可能にする。１００万件を超える企業情報も標準搭載されており、接点情報との組み合わせで高度な営業活動を支援できる。

出会いの力でビジネスの課題にイノベーションを起こし、世界で初めてのアイデアを武器に、ビジネスの出会いそのもののあり方を変えようとしている。国内市場において、三井住友銀行やTOYOTAなどを含む大手企業で８０００件以上の利用企業数があり、シェア82％で10年連続トップ。

近年は、会社と会社の接点となる請求書や契約書管理関連のサービスも展開。

取材

小松尚太氏（技術本部 研究開発部 SocSci グループ研究員）、西田貴紀氏（技術本部 研究開発部 SocSci グループマネジャー）、新井万李衣氏（ビジネス統括本部 カスタマーサクセス部 Customer Success Marketing）、厚木大地氏（ビジネス統括本部 カスタマーサクセス部 Customer Success Marketing シニアマネジャー）

「社内での学知活用」がプロダクトの価値向上につながる理由

Sansanといえば、社員が社外の人と交換した名刺をデータ化し、社内クラウドで共有する名刺管理サービスを思い浮かべる人が多いことでしょう。

「それ、早く言ってよ〜!」

の決め言葉が印象的なCMでも広く知られています。「Sansan」の契約件数は8000件を超え、法人向け名刺管理サービスで同社が占めるシェアは82%にも上ります。

そのほか、インボイス管理サービス「Bill One(ビルワン)」や契約DXサービス「Contract One(コントラクトワン)」などを提供しています。

Sansanは、企業のDXを総合的にサポートする「働き方を変えるDXサービスを提供する企業」と自らを位置づけています。

そんなSansanの企業理念は「出会いからイノベーションを生み出す」。ビジネスは「人と人」、「企業と企業」とが接点を持ったところから始まるものであり、新しいビジネス、イノベーションは、より多くの接点が創出されるところでこそ育まれやすい、という信念が込められています。

学知の力で「接点」をデザインする

Sansanの提供するサービスは、いずれも、個々が行く先々で得た出会いの「接点」を共有できるサービスです。

祖業である営業DXサービス「Sansan」は、名刺をデータ化して社内クラウドにアップすることで、実際に名刺を交換した一人の社員だけでなくその企業の全社員に出会いのチャンスを広げるものです。

また、請求書も契約書も、企業と企業との間で行き交うものという点では「接点」です。

「接点」からは、新しい何かが生まれる可能性がある。そこに着目し、人と人、企業と企業の「接点」に注目したサービスを通じて多くの企業をサポートしてきたのが、Sansanという企業といっていいでしょう。

社内における学知の立ち位置

Sansanには、研究開発部の中に経済学チームが存在します。名刺のデータ化と、そこから広がるビジネスチャンスというと、情報工学系のデータサイエンスが活用されているというのは何となく想像しやすいのではないでしょうか。

実際、Sansanでアカデミックな背景を持つ社員が必要とされた最初のきっかけは、「氏名・企業名・部署・住所が記された名刺のデータ化を、自動化することをきっかけに、その蓄積されたデータのビジネス活用の可能性を探求する」というところでした。名刺に記載されている個人情報のデータ蓄積の自動化やそのデータ活用というビジネスモデル柄、経営陣の学知に対する意識も、もともと高かったそうです。

ただし、Sansan内での実際の経済学チームの業務や学知の取り入れられ方は、今回取材した企業の中では異質なイメージかもしれません。

というのも、Sansanではまず**「自社内の業務改善」のために経済学が活用されているからです。そして、社内での成果を基に経済学を用いた業務改善を、自社が提供するサービスに反映させていく**――という順序になっています。

その大まかな流れは、以下のとおりです。

・研究開発部の主導のもと、R&D（リサーチ&デベロップメント）による自社内の業務改善のために学知を活用する

↓

・自社の業務改善でのデータ活用の事例をプロダクトに反映する

↓

・顧客も同様に活用できるプロダクトにしていく

↓

・最終的にカスタマーサクセス（顧客の成功）へ向け、顧客の利活用を促進する

もちろん、研究開発部のミッションは、自社のプロダクトの価値を上げるために学知を活用し新しい機能を取り入れていくことにあります。しかし、その方法としては、あえて、プロダクトに落とし込む前に自社内で実装している。

そうすることで、**自社の業務改善につながる**だけでなく、**新しい機能開発のヒントを得る**ことができる。さらには、**プロダクトとして顧客の課題解決に本当に役立つかどうかを確かめることができる**といいます。

「現場で実際に使われるプロダクト」としてリリースするために、社内をも研究対象にしているということなのでしょう。

「CRM（顧客関係管理）」でカスタマーサクセスを向上させる

では、Sansanの中でビジネス課題と学知はどのように結びついているのでしょうか。それを示す象徴的な出来事が、2020年夏頃にあったといいます。コロナ禍の初期にあたるこの時期、カスタマーサクセス部にはある切実な危機感が生じたそうです。

Sansanでは、利用状況に応じて顧客企業を「グリーン」「ライム」「イエロー」「レッド」の4段階に分ける「ヘルススコア」をつけています。グリーンが優良顧客、レッドが要注意顧客という順です。

ヘルススコアが「イエロー」「レッド」になると解約率が一気に上がることはわかっていたのですが、それが2020年夏頃から急増しました。早急に有効な施策を行い、解約を防がなければならない。しかし、カスタマーサクセス部で施策を議論する中では、**「なぜヘルススコアが一気に悪くなったのか」という明確な要因をつかみきれなかった**そうです。

そこで「ヘルススコアが悪化する要因」を探るべく、研究開発部も巻き込んで分析を進めることになりました。

様々な分析をしていく中で明らかになったのは、**「Sansanのスマホアプリの利用率」と解約率との関連**です。

スマホアプリを有効利用している顧客企業は、スマホアプリをあまり利用していない顧客企業よりも、傾向として解約率が低い。ならば、どうやったらスマホアプリのユーザーが少ない顧客企業に、アプリの利用を促すことができるのか。

また、「Sansan」にはメインの名刺管理以外の様々な付加機能がありますが、機能によっては認知度が30％程度にとどまっているものがあることも判明しました。しかも、認知が低い機能の中には、「その機能を実際に使っている顧客企業のスマホアプリの利用頻度が高い」というものもありました。

Sansanが導入している「ヘルススコア」とは?

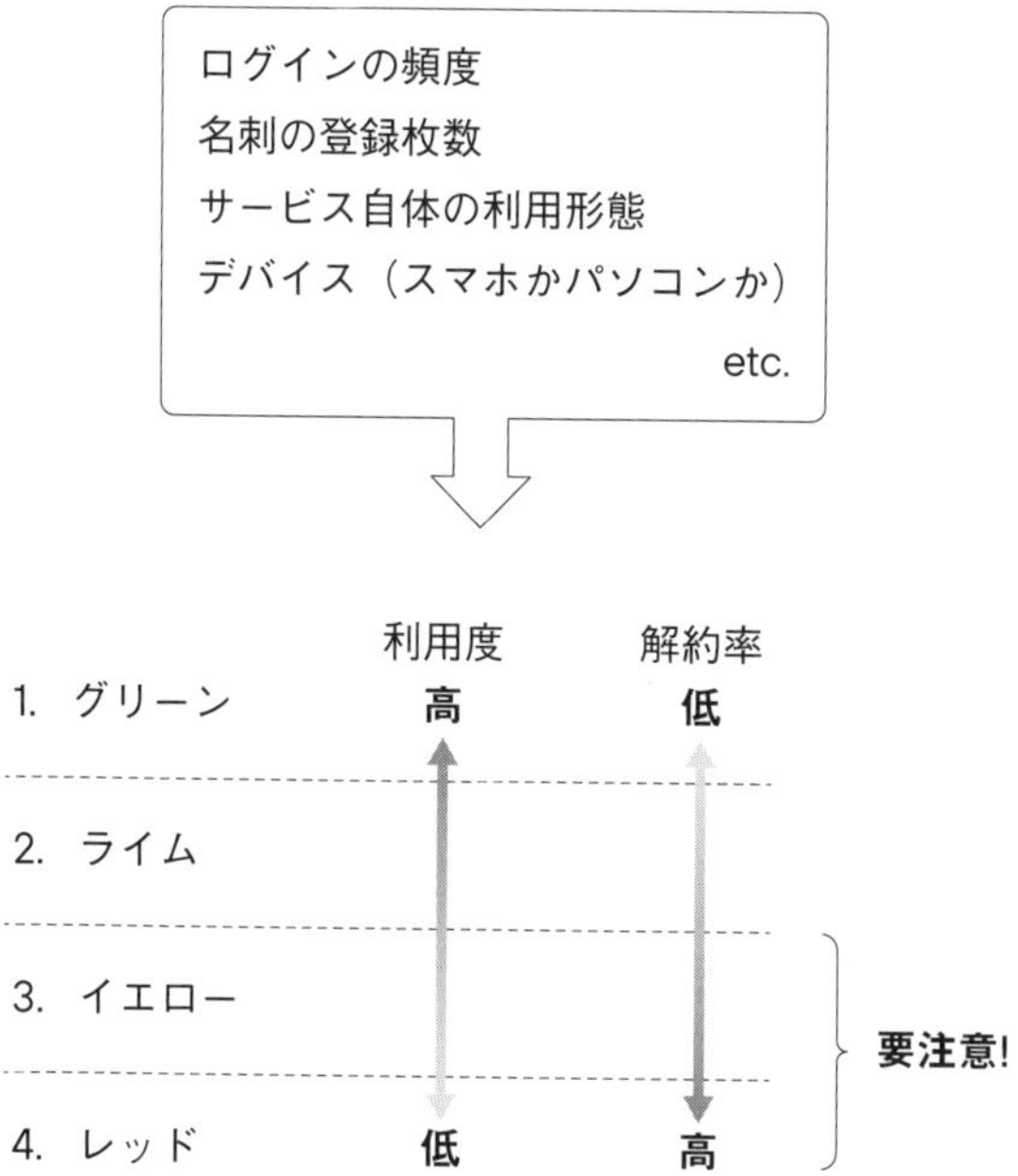

そうした機能の認知度を上げ、より頻繁にサービスを使ってもらうように図っていくことが、解約の回避につながるのではないか。こうした経緯から、付加機能の存在を周知させる施策も議論されることとなりました。

アプリの「新機能」を、多くの人に使ってもらうにはどうしたらいいか

さて、アプリの利用者がまだ気づいていない「新機能」を使ってもらうにはどうしたらいいでしょうか？

すぐに思いつくのは、既存顧客への「営業メールの送信」です。

Sansanでは、サービスユーザー向けに、利用アシストメールという種別で、「先月のアップデート情報」や「こんな機能もあります」といったような情報を月に1～2回程度、配信しています。これに加え、セミナー関連の案内メールなども週に1回程度、配信しています。

しかし、これ以上の配信は、開封率が低下したり、最初からフィルターでよけられてしまったりする可能性がありました。実際、**メール配信が多くなるとかえって逆効果になる**ことが研究成果として知られています。利用しているサービスの運営会社からたびたび届く案内メールにうんざりした覚えは、きっと誰にでもあるでしょう。

こうした経緯から、ある程度、配信メールをコントロールする必要がありました。そこで、メール配信以外の「効果的なチャンネル」を考えることとなったのです。

また、「誰に」働きかけることで、新機能を使ってもらえるようになるのかも、検討する必要がありました。というのも、「そのサービスを導入後、自社内で管理する人（アカウント管理や利用状況の確認など特別な権限を持つ管理者）」と、「自社内でサービス利用を推進する人」がイコールだとは限らないからです。

サービス利用の推進者は、顧客企業内の誰なのか？　それは、「ある部署の人」かもしれませんし、「半年以内に、ある機能を利用した人」かもしれません。あるいは、「サービスの活用セミナーへの来場者」かもしれません。

顧客企業内の誰に、何をすれば、伝えたい情報が伝わり、顧客の行動を変えられるのか。実はこの分野においては、ある程度の学知の蓄積があり、**「CRM（顧客関係管理）」**と呼ばれています。また、**「MA（マーケティング・オートメーション）」**と呼ばれる方法論と組み合わせることで、狙いどおりのターゲットへの円滑な働きかけを実現しているとお話しされていました。

Sansanでは、そうした学知を研究開発部の経済学チームが主導して、「カスタマーサクセス向上のための、顧客とのコミュニケーションの最適化」のために用いている、というわけです。

ここでは、アプリの新機能の認知と利用率を切り口にお話ししましたが、顧客とのコミュニケーション全般――たとえば「1年以上サービスにアクセスしていないユーザーに、どのタイミングで、どんな案内を出したら定期的に使ってもらえるようになるか」など――にも、こうした考え方が広範に活用されているそうです。

「CRM（顧客関係管理）」とは？

さて、それではSansanで用いられている「CRM」とは、どういうものでしょうか？

詳しくは、前著『そのビジネス課題、最新の経済学で「すでに解決」しています。』（日経BP）で経済学者の星野崇宏さんが説明していますのでここでは割愛しますが、この考え方を端的に説明すると、

・ゼロを1にする（新規顧客を獲得する）よりは、1を10に高めていく（既存顧客の利用率を上げ、顧客満足度を上げる）ことであり、

・顧客の「LTV（ライフタイムバリュー／顧客生涯価値。ある顧客から生涯にわたって得られる利益）」を上げる。つまり、1回目の取引で終わりにするのではなく、2回目以降の取引も見越して利益を考えていくこと

といえます。

顧客ごとにサービスの使い勝手は異なる中で、いかなる施策で顧客のLTVを上げるか。その意思決定を助けてきたのが、Sansanにおける学知活用の筆頭例になっているのです。

顧客がまだ知らないサービスや商品を、どうやって認知してもらい、どう行動につなげてもらうか。Sansanは、その課題に経済学チームとともに取り組んできた典型的な成功例といえますが、この課題はいうまでもなく、Sansan固有のものではありません。

今、多くの企業でCRMやMAが、ビジネス課題となっているのです。

同じ課題を抱えていながらも、まだ解決策にたどり着かず、目先の利益重視の短期的な対応に追われている。そうした企業が、学知導入の進んでいない日本には少なからずあるのが現状です。

顧客関係管理とは?

従来のイメージ

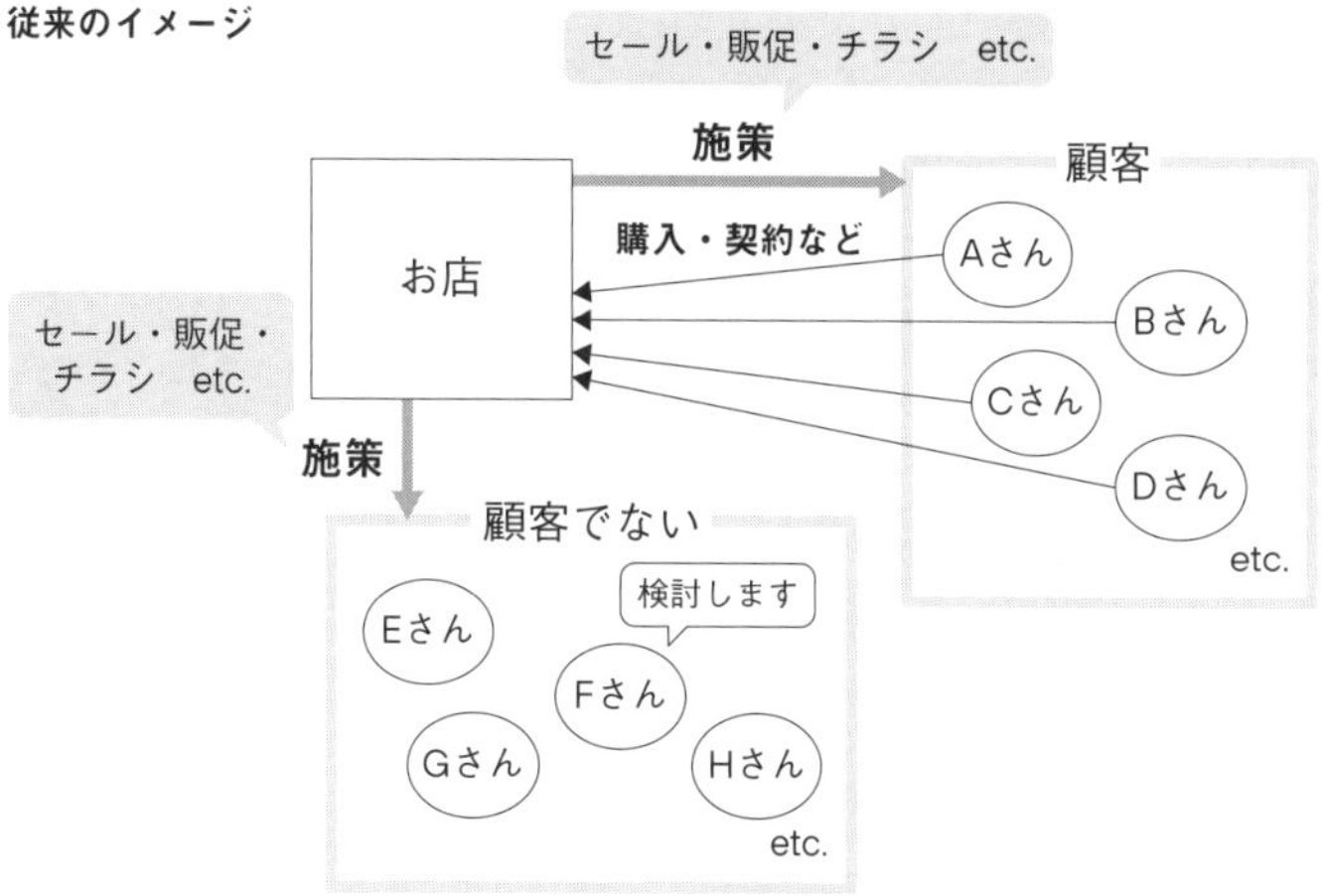

CRM：顧客（または顧客セグメント）ごとに施策を変える

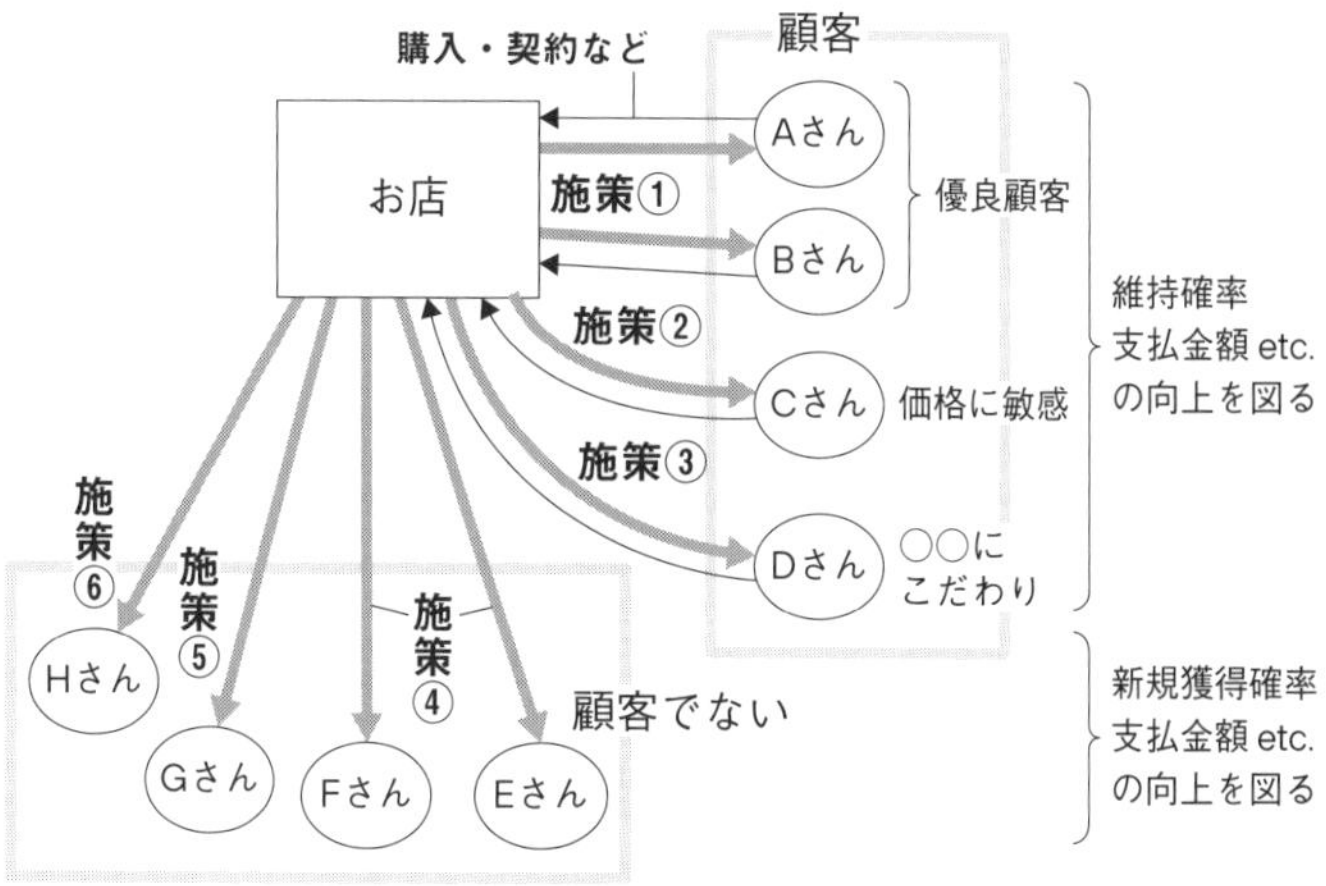

A／Bテストで施策の効果を「見える化」する

さて、CRMにひもづく具体的な取り組みとして、もう1つ、この取材の中で、Sansanでの学知活用例としてお話しいただいたことがあります。それは、**「A／Bテスト」の活用**です。

Sansanでは、まだあまり活用されていない機能（機能α）を知らせるために、営業メールを打つ代わりに、Sansanのサービス内にポップアップ告知を出すことが検討されていました。

では、どんなポップアップ告知を出せばいいのか。A／Bテストを活用すると、どんな告知を出すと機能αの利用率が上がりやすいのかを調べることができます。

手法はシンプルです。

まず既存顧客から被験企業を絞り込み、2つのグループにランダムに分けます。そして、片方のグループには告知A、もう片方のグループには告知Bを出して反応を見るのです。

その結果、仮に「告知Aの反応がよかった」となったら、他の顧客企業に対しても告知Aを出すようにする、という具合に施策が決定します。

A／Bテストの意外な注意点

手法としてはシンプルですが、SansanではA／Bテストをビジネスのツールとして活用するうえで、注意している点があるそうです。

それは、**「何を知りたいか、どういう意思決定をするためかという目的に、徹底的にこだわること」**です。A／Bテストは現在、広く認知されていることもあり、様々な企業で「A／Bテストらしきもの」が活用されています。

今、あえて「らしきもの」と付けたのは、学者から見るとA／Bテストの要件を満たしていないものが散見されるためです。

では、学者も認めるA／Bテストをビジネスでも緻密に設計すべきなのか、というと、実はそうとはいえません。研究結果をアカデミアで活用するならばテストの形式などの手段にこだわることも重要ですが、ビジネスの目的はたいてい、アカデミアとは異なります。「A／BテストのためのA／Bテスト」になっては意味がない。

あるいは、「ここを知りたい」という明確な目的なしにA／Bテストをやろうとすると、選択肢の1つに票が集まったとしても、「なぜその案が選ばれたのか？」が不明確になってしまいます。

A／Bテストは単に2つの案の優劣や人気・不人気を競うものではなく、知識を得て行動を変えるためのプロセスです。明確な目的のもと実施されなければ、十分な意義を果たせないでしょう。

それを見失わないために何よりも大事なのが、「何のためにこのテストを行うのか」ということなのです。

どんな目標の達成に向けて、何を知るためのテストなのか？

A／Bテストとは？

ウェブページの例

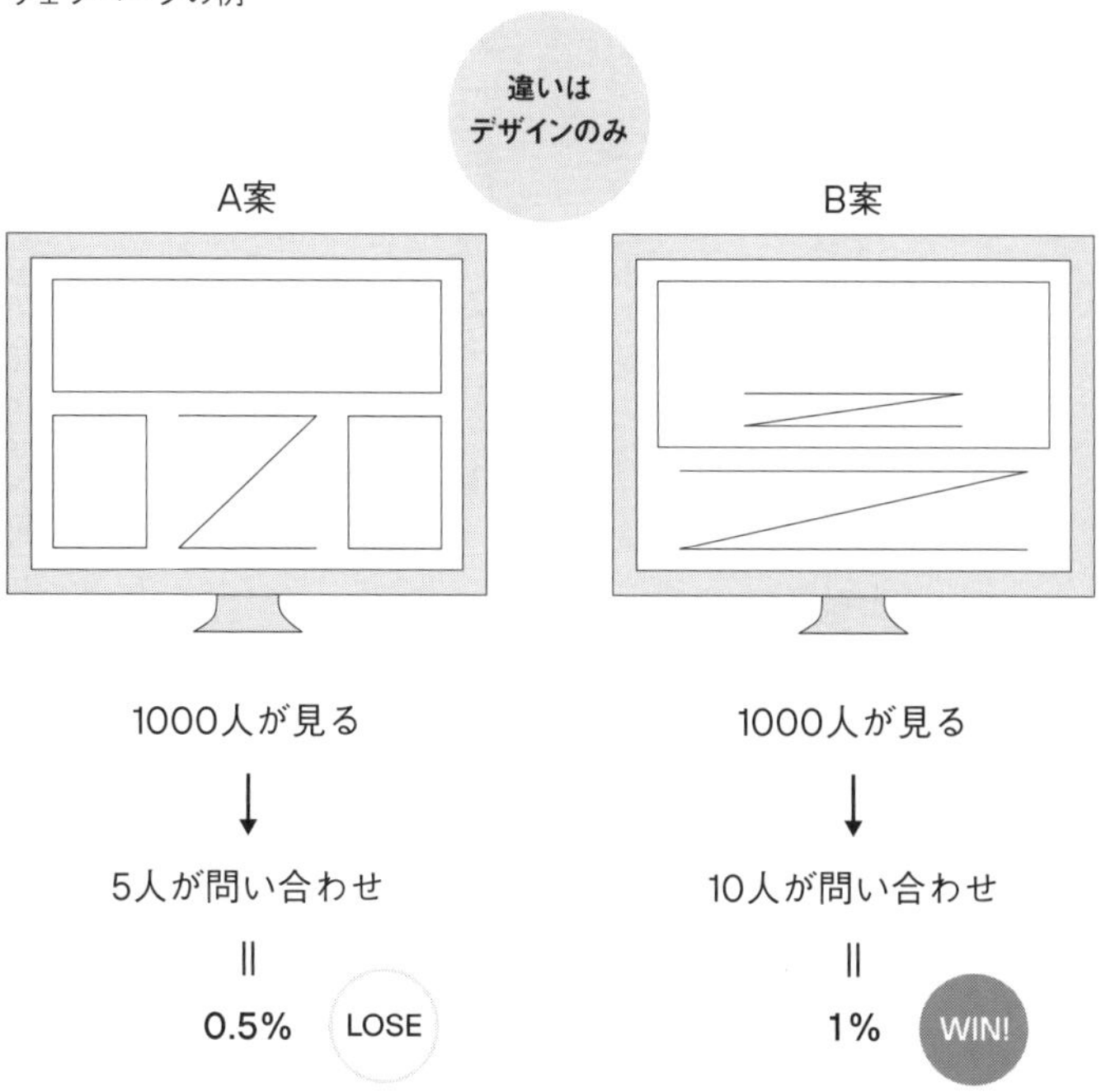

「どちらがより成果が得られるか」がわかる

先の例でいうと「機能αの利用率向上」という目標の達成に向けて、「効果的な告知方法を知るため」という目的意識が、**ビジネス・学者の垣根なく共有**されてはじめて、A／Bテストを適切に設計できるのです。

変化を恐れず、挑戦していくための「根拠」としての学知

さて、Sansanで行われた第1弾のA／Bテストは、研究開発部の経済学チームにとっても大きな発見でした。

A／Bテストで「より有効」と出たほうの施策を採用したら、テスト結果から計算されたとおりの成果が得られた。経済学チームは、もちろん事前に予測もしていましたし、A／Bテストの設計や効果検証については多くのことを知っていますが、しかし、実際に「企業の生データを分析し、実際のその分析結果を前提に施策を決める」という経験はなかなかできません。

つまり経済学者にとっても、「このビジネスサイドと協力し、関係者を巻き込み、学知をビジネスに生かしていく」ことは、とても貴重な機会なのです。これは、「何物にも代えがたい経験」であり、この経験の積み重ねが、組織を強くしていきます。

現にSansanでは、R&Dにおいて「知行合一」の価値観が重視されているといいます。

学者は知識が豊富なだけに「頭でっかち」になりやすい、だからこそ**「実践」を通じて次善策を編み出すこと**への意識が不可欠です。

課題を小さく切り分け、小さな成功を積み重ねる。その中で生じるものは、**「失敗」すら学びのみなもと**です。小さな失敗をしたら、次はどうするか（改善して続けるか、やめるか）をジャッジする。その連続が、イノベーションにつながっていく。そんな価値観が通底している組織といえるでしょう。

これから「経済学のビジネス活用」を進めていくために

様々な立場から意見を言い合える文化

Sansanの強みの1つは、社内に経済学者の所属する部署があることです。その仕組み自体を、まだ経済学を活用していない企業がまねするのは難しいことと言わざるを得ません。しかし、Sansanのやり方からは、エッセンスとして、今すぐ役立てられる学びはたくさんあります。

たとえば、**「相談環境」**です。Sansanへの取材では、カスタマーサクセスチームと経済学チームが、いつでもビジネス課題を相談し合える環境が整っているように感じました。「経済学を活用するか否か」以前に、多くの企業では、**社内のコミュニケーション体制を整えることで得られるメリットはたくさんあります。**

では、Sansanはどのようにして、部署や立場の垣根を超えて自由闊達に意見交換する企業文化を育んでいるのでしょうか？

話を聞いたところ、全社員が参加しているコミュニケーションツール（Slack）上が、社員間の活発なコミュニケーションの場になっているそうです。

あるプロダクト部門から新しい機能がリリースされたら、所属部署にかかわらず、まずは社内で一斉に使ってみる。その中で感じたことや意見を、Slackに投稿していく。その新機能に関する投稿が、1日だけで何十件となされることも珍しくないそうです。

プロダクト職も営業職も総合職も、そして研究開発職も、職種の区別なく、みな自由に発信できる透明性の高いプラットフォームがある。忌憚のない意見を言い合い、いち早く課題を共有することができる。**役割が違う人が、1つの課題の解決のために様々なアイデアを出し合える。**

課題もアプローチが変わると、様々な解決策が出てくるでしょう。経済学は、そのアプローチの一手なのです。

また、Sansanには「強みを活かし結集する」「七人八脚」という企業文化があるともお話しされていました。「自分たちにないものを持っている優れた人を探す」「自分にできることなら、協力を惜しまない」という共通マインドが、社内風土の根本にあることは間違いないでしょう。

経済学をビジネスに取り入れるという試みも、そんなマインドの中で生まれ、育まれてきたのではないでしょうか。

学知が活用されない理由①「お互いへの理解不足」

もともと社内には自由闊達な議論が行われる土壌があったものの、学知が積極的に活用される以前、それこそ2020年の夏頃までは、学知の積極的活用への認知度は、社内でもまだまだ低かったようです。

その背景には、そもそも、当時の研究開発部はプロダクトの新機能開発に主眼を置いていたことがあります。そのため、「社内に研究開発部がある」という環境ではあったものの、当初、共同プロジェクトはなく、研究開発部と大半の社員には接点がなく、「何やらすごい人たちがいる」というイメージが先行していたそうです。

また、「経済学は課題解決のツールである」ということも共有できてはいませんでした。つまり、同じ社内にありながら、両者の距離は近いとはいえなかったのです。

そうした状況で、どうやってカスタマーサクセスチームと研究開発部が連携することができたのか。その動きは、研究開発部（経済学チーム）から始まったそうです。

社内に在籍しているチームですから、研究開発部としても、ビジネス課題に取り組む心構えがありました。実際、ビジネスサイドから上がってきた課題を解決してこそ、Sansanというサービスも会社も、成長していくことができるはずです。

また、Sansanには、もともとOKR（Objectives and Key Results）という目標管理法が徹底されています。そのOKRは3カ月ごとに更新されるため、「3カ月で何ができるか」「これを3カ月以内に達成しよう」という思いがありました。社員がつねづね「目標を共有する」ことを意識する土壌もあったわけです。

そこで、「課題を見つけ、その課題を深く理解・共有する」ところから始めることにしました。

研究開発部は、待っていてもビジネスサイドから課題の相談を直接されることはまずない。ならば、と経済学チームが行ったのは、社員に対するヒアリングでした。2カ月ほどで60名程度の社員にヒアリングを行い、直接言葉を交わす場を設けました。また、**課題意識の共有**にも努めたそうです。

こうして徐々に部門を超えたつながりが形成された頃には、カスタマーサクセスチームの心理的障壁がだいぶ取り払われ、**フランクに相談できる雰囲気**が醸成されていったといいます。

こうした取り組みの中で、前述のようなカスタマーサクセスチームの課題である「認知度の低い付加機能の利用率を高める」は、研究開発部の共通の課題にもなっていきました。

学知が活用されない理由②「信頼の未形成」

さて、カスタマーサクセスチームに経済学チームが加わり検討している「認知度の低い付加機能の利用率を高める」という課題ですが、

- 「まだ多数の認知を得られていない便利な機能」を知らせるためのポップアップ告知を実施したらどうか
- ポップアップ告知を効果的に行うために、まず「A／Bテスト」で試験したらどうか

と議論が進みました。これが、前述の「A／Bテスト」につながっていきます。

ただし、「やってみよう」という雰囲気と同時に、実はプロダクト部門内には懸念の声もそれなりにあったといいます。

それは、「UX（ユーザーエクスペリエンス）」という観点からの懸念でした。

ポップアップでの告知は、認知度を上げるのに効果的かもしれません。しかし、もしかしたら、よくある（そして嫌われがちな）アプリ内広告のように見られてしまうかもしれない。ポップアップ告知がそのままUXを下げることにつながっては、本末転倒です。

また、当然ですが、A／Bテストをしたからといって、すぐにエビデンスが見つかるとは限りません。その意味では、研究開発部としても、不安がある中でのテスト実施となりました。

この最初のテスト実施で有用な結果を得られなければ、Sansan内部でのビジネスにおける学知活用そのものが難しくなってしまう。まだ一枚岩とはいえない状態だったからこそ、「絶対成功させる」という思いが強かったそうです。

そうした経緯もあったからこそ、両者は綿密にコミュニケーションを図りました。

そして、

・「どの付加機能の告知をするか」「どの既存顧客を被験企業に選ぶか」「どの部署にいるユーザーを意識した告知文を比較するか」「配信のタイミングはいつにするか」などの調査設計

・この「A／Bテスト」、そしてポップアップ告知を通して、どのような状態になったら「成功」といえるのか（告知によって、どのくらいの利用率上昇を目指すのか）という短期目標の明確化

といった準備を慎重に進め、「A／Bテスト」は実施されたのです。そしてそこからさらに、ポップアップ告知を大々的に実施していきました。

さてその結果はどうだったでしょうか。

端的にいうと、この告知によって、短期目標をクリアすることができたそうです。

まずは1回、やってみてから考えてもいい

この初回の成功は、短期目標のクリアにとどまりませんでした。経済学チームにとっては、**学知をビジネスに活用していくうえでの気づき**が得られ、また今後、**この取り組みを進めていくうえでの自信**にもつながりました。

一方、カスタマーサクセスチームだけでなく、Sansan社内全体でも、**経済学をビジネスに実装することの価値が再認識される**こととなりました。**結果が一番の説得材料**となって、今のスムーズな協働関係が築かれているといいます。

第1弾のA／Bテストの成功は、まさしくカスタマーサクセスチームと経済学チームが、共有された明確な目標のもとに一致団結し、真摯に取り組んだからこそ得られたものでした。おそらく、カスタマーサクセス側が経済学者に「丸投げ」「おまかせ」の姿勢では、決してなし得なかったことでしょう。

加えて、この成功をきっかけに、ほかのプロダクトでも同様のA／Bテストに取り組んでみたいという声も出てきました。経済学チームとしては、チャンスを増やすこともなったのです。

やはり、**ビジネスサイドと経済学者サイドが密にコミュニケーションをとり、課題や目標意識を共有してこそ、学知は生きる。**これは、課題の種類によらず、学知の活用を考える他企業にとって、たいへん参考になる例だと思います。

あくまでも経済学者は「経済学のプロフェッショナル」であって、「ビジネスに精通した万能者」などではない、という認識もビジネスサイドには必須です。「経済学の先生にお任せしていれば、うまくいく」ではなく、「何が問題か」「どういう結果を得たいのか」を、明確に言語化して伝える必要があるわけです。

もちろん、そうしたプロセスを踏んでもなお、学知を用いて検討すれば、どのような施策も最初からうまくいく、とは限りません。試行錯誤が必要なケースも多々あります。

その点、Sansanの研究開発部では「次善策につなげている限り、『失敗』というものはない」という認識が共有されているといいます。

試したことを振り返り、改善点を見つけ、次に活かしながら、核心に近づいていく。こういう認識のもとで学知活用を推進していけるのは、社内に経済学者チームがいるという恵まれた環境ならではといえます。

「変化を恐れず新しいことをする」という発想は多くの企業で大切にされていると思いますが、そこ学知を絡ませることで、**打率を上げていく**ことが可能になります。**長年の勘や経験だけに頼るのではなく、学知を根拠、後ろ盾としながら「変化を恐れず挑戦していく」**。

それができる企業こそが、どんなに社会環境が厳しくなったとしても、生き延び、より発展していけるのではないでしょうか。

立場の違いを超えたコミュニケーションが変化と挑戦の出発点

経済学活用事例

4

デューデリ&ディール

収益最大化・同業他社との差別化に経済学を活用する

キーワード

オークション理論、情報の非対称性の解消、属人的ノウハウからの脱却、CRM(顧客関係管理)

活用レベル

★★☆

社内に経済学者は不在。外部学者をエコノミストとして招聘

企業プロフィール　株式会社デューデリ&ディールは不動産オークション事業を営む企業。学術的裏付けにより設計されたオークションの仕組みを活用。状況に応じた売却方式（オークション手法）を用い、高い価格で売ることを試みる。オークションの制度設計とデータ分析・検証のために、経済学者を招聘している。

取材

山本高広氏（代表取締役社長）

モノの「適正な価格」はどうすれば決められるのか？

株式会社デューデリ&ディールは、不動産所有者に対する不動産コンサルティング事業と不動産オークション事業を行っています。

同社コンサルタントの責務は、顧客である「不動産所有者」の収益を最大化すること。この責務は、とてもシンプルなように聞こえます。しかしこの責務は、その本質を考えると、難題だと同社はいいます。

なぜ、不動産所有者の収益最大化が難題なのか？　それは、**「何をもって収益最大といえるのか」という定義がそもそも困難**だからです。

顧客から不動産売却を相談されると、同社では、市場調査を行って、売却手法やプロセス等の提案をします。その際、売却想定価格も提案するのですが、その価格での売却がそもそも「収益最大」になっているのか、「最高の売却条件」を顧客に示せているのか。経済学を活用する前の同社には、常にこうした課題意識がありました。

そこで取り入れたのが、経済学の一分野である**「オークション理論」**です。

経済学の一分野としての「オークション」

「オークション」と聞くと、「ヤフオク！」などを連想される方が多いでしょう。オークションでモノを売却することは、現在、様々な業界で当たり前に活用されています。

また、欲しいと思う人がたくさんいた場合に、「一番高い価格をつけた人」が手に入れるのは、自然なことにも感じられます。

そうしたことから、オークションという方式は自然発生的にできあがってきたと感じる方も多いかもしれません。

しかし、このオークション方式というのは、60年以上も研究されている伝統的な経済学の一分野です。オークションには様々な方式があり、**「何を売るのか」「どういう目的で売るのか」などによって方式を変えることで、収益や買い手が大きく変わる**ことが知られています。

どの方式にどのような特徴があるのか。

どういう財（ここでは不動産）ならば、どういう方式が向いているのか。

どの方式が収益最大化に直結するのか。

こうした事柄について、膨大な研究があるのです。

この膨大な研究成果を活用していこうというのが、デューデリ＆ディールの取り組みです。

不動産売買取引　そもそも価格はどう決まるのか？

同社の経済学活用を詳しく説明する前に、日本で主流になっている不動産売買取引についてお話ししましょう。

日本の不動産売買取引の多くは、「相対取引《あいたい》」という方式で行っています。

自身が所有する不動産を売りたい、つまり売却意向を持った人（売り手）がいた場合、まずは売り手が「売却希望価格」や諸条件を提示します。購入検討者（買い手）は、提示された価格と諸条件をもとに、都度、売り手と交渉しながら、購入の可否を検討していきます。

売り手と買い手が合意して、売り手が「その購入希望価格で、売却します」となれば、買い手は当該不動産を購入することができます。

このように、売り手の提示した価格と諸条件をもとに交渉されるものの、多くの場合、すんなり「その提示価格で買います」とはなりません。提示価格よりも値引きした価格で取引が成立することはざらです。そうした交渉を取り仕切るのが、不動産仲介業者の役割です。
大きな特徴として**「売り手が先に、『売りたい価格』を提示すること」**、そして**「購入意向を示した購入検討者と都度、売却交渉をしていくこと」**をおさえておいてください。

これに対し、同社の不動産オークションは、「購入検討者たち」が、一斉に購入希望価格を提示し合いながら競っていき、一番高い購入希望価格を提示した人が落札する形です。前に提示した価格よりも高額を払ってでもその不動産を手に入れたいと思った場合には、購入希望者たちは、何度でも新しい購入希望価格で入札することができます。

この手法は**「競り上げ方式」のオークション**と呼びます。

その他、不動産業界にはもう1つ、よく知られるオークションがあります。それは、裁判所の行う**「競売《けいばい》」**です。

競売の場合は、「購入検討者たち」が一定期間の間にそれぞれ1回だけ入札します。その際、ほかの「購入検討者たち」には購入希望価格を開示しないことが特徴です。そして、締め切り後、一斉にそれぞれの購入希望価格を開示し、その中で、一番高い価格を記載した購入検討者が落札する。これを、「第一価格方式」といいます。

不動産業界では、このようにいくつかの売却方式が採用されています。

不動産の売却方式1(相対取引と競売)

① **相対取引**：条件が合わなければ別の購入検討者を見つけて
イチから交渉し直す

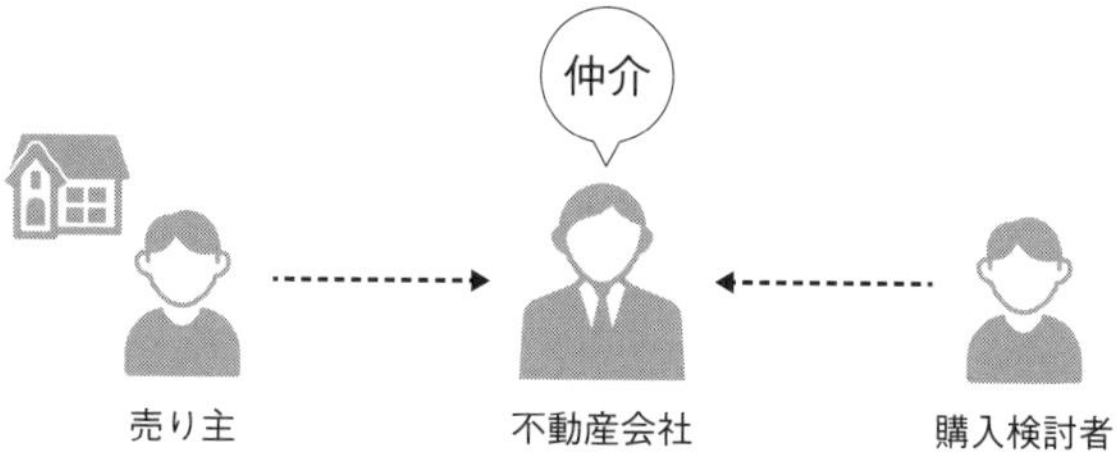

② **第一価格方式（競売）**：最高値を表明した人が買い主になる

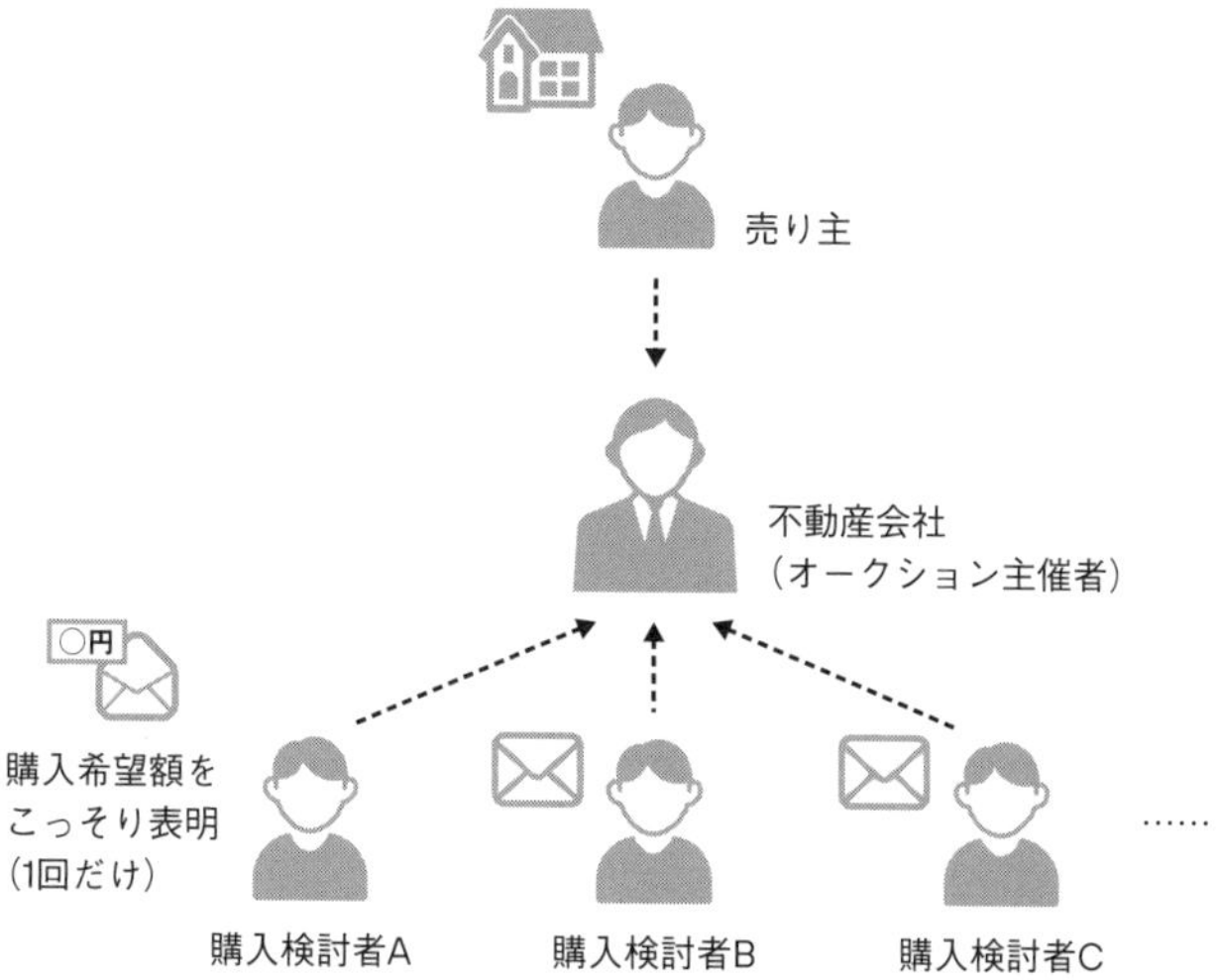

バブル崩壊後、日本が直面した大混迷

では、なぜデューデリ&ディールでは、「相対取引」ではなく、「オークション」での売却提案をすることになったのでしょうか。学知導入の背景も踏まえながら見ていきましょう。

ご存じのように、１９８０年代末頃日本は「バブル」を経験しました。当時は株式市場も高値を付けましたが、なんといっても高騰したのは不動産価格です。

バブルはその後崩壊し、不動産価格は暴落。90年代以降、不良債権処理に苦しむことになります。その経済状況の混乱、とくに不動産市場の混迷は、90年代後半に入っても、まだ続いていました。

そんな日本において、すでに不動産業界に身を置いていた山本氏らは、次のような疑問を感じていました。

「日本で主流の相対取引は、本当に、売り手の収益最大化につながっているのだろう

か？　収益最大化していれば、不良債権はもっと早く片付くのでは？」

ここで「日本で」とあるのは、視野にアメリカが入っていたからです。**当時からアメリカでは、不動産の不良債権処理にはオークション方式が使われていました。**なぜ、日本では、オークション方式を活用しないのか。

とくにこの時期、金融機関主導で盛んに行われていた、「債権回収のための不動産売却」には、多くの課題がありました。

前述の「相対取引」での売却が基本です。まず、売り手もしくは、その不動産の担保権を保有している金融機関が売却可能価格を提示します。しかし、暴落している不動産市場において、売却希望（可能）価格では誰も買い手がつきません。かといって、その売却希望（可能）価格を著しく下回った価格を提示されても、売却の承諾はできない。

債権者と債務者との間で売却調整がつかず、債権回収もままならない状態でした。その結果、多くの不動産が塩漬けになっていきました。

なぜ、価格が折り合わないのか。その大きな要因の1つは、買い手が売り手の提示価格をその都度判断し交渉していく「相対取引」という仕組みにありました。相対取引では、各取引での提示価格が、本当にそのとき売買可能な価格の最高評価かどうかを判断できないということがありました。

「相対取引」以外の方式での売却となれば、金融機関としては競売同様の「第一価格方式」オークション（入札）での売却となるわけです。しかし、入札によって最高価格が決まったとしても、その後、「その最高価格に少し上乗せするので購入させてもらえないか」という人が現れてしまうこともありました。

最高評価を見つけるために競売をしたはずなのに、その結果が信じられないという状況に陥ってしまったのです。

こうして不動産価格は迷子になり、ブラックボックスになってしまいます。

「モノの価格を正しく決める」のは想像以上に難しい

そもそも、「モノの適正な価格」というのは、実はよくわからないものでもあります。

とくに、一点モノの場合、各購入検討者がいくらまでなら出せるか、真の評価価格はいくらか、ほかの購入検討者にはわかりません。そのため、売り手だけでなく、買い手側も「いくらが適正な価格なのか」がわからない。

仮に、その不動産を欲しいと思って、「1億円出してもいいかも」と思っていたとしても、

「待てよ、ひょっとしてほかの購入検討者は、その不動産を実はそこまで評価をしていないかもしれない」

と頭によぎった途端に、自身の希望価格を下げていきます。

「その不動産は欲しいけれども、一人だけ高い価格を言うのは避けたい」。こういうことが続いたわけです。

売り方を変えれば、モノの値段は容易に変わる

一方、山本氏が視野に入れていた「競り上げ式」の不動産オークションであれば、その課題はとてもシンプルに解決できます。

まず「売り手」は、前提条件や不動産情報など「購入検討者たち」候補全員に一斉に開示します。それをもとに「購入検討者たち」は、購入希望価格を検討し入札していきます。その後、ほかの購入検討者の提示した価格を見て、その提示価格以上でも購入したいと思えば、それ以上の価格を提示すればいい。また別の購入検討者も、入札状況を見て、それ以上の価格でも購入したいかどうかを判断します。そうして入札できる人がいなくなったら、最後に入札した人の提示価格で落札となります。

結果的に、「購入検討者たち」の中で、一番高い価格を提示した人が購入する。

この方式であれば、**透明でかつ公正に最大評価をする購入者を発見することができるのではないか、**というわけです。

オークションで、適正価格を決める

デューデリ&ディールでは、どのようにオークションが行われているのでしょうか。

まず、売却対象の不動産があるとします。すると同社では、過去から蓄積した不動産事業者データベースから、購入可能性のある候補者をピックアップします。各売却対象不動産の特性に合わせて候補者リストを作成し、候補者ごとに直接、詳細情報を提供していきます。提供するのは、その不動産の詳細情報、そして当該不動産オークションに関連する情報（開催日やオークションのルールなど）などです。

オークションはオンラインで開催しています。購入検討者たちは開催日にオンライン上のオークション会場に集まり、最低売却価格から価格を提示し合いながら落札価格を決定していく。この部分は、「ヤフオク！」や美術品のオークションと基本的には同じ。仕組みは非常にシンプルです。

実は、オークション理論を知らなくても、オークション自体は開催することは可能です。実際、デューデリ&ディールでは、2018年頃まではオークション理論を考慮せず、独自のやり方でオークションを行っていました。

その中では、大きな問題が起こることはありませんでした。しかし、独自のやり方でのオークションに、山本氏はまだ疑問を払拭できずにいたそうです。

「今のオークション方式で、本当に最高の売却条件を実現できていると、胸を張って言えるだろうか？」

「公正な不動産売買を実現できていると説明するための根拠は何だろうか？」

当初から意識していた**ビジネス課題を自社が本当に解決しているのか、その判断基準と根拠を欲していた**といいます。

そうした折に、経済学の一分野、オークション理論の存在を知りました。

不動産の売却方式2(競り上げ式オークション)

③ **競り上げ方式**：最終的に最高値を入札した人が買い主になる

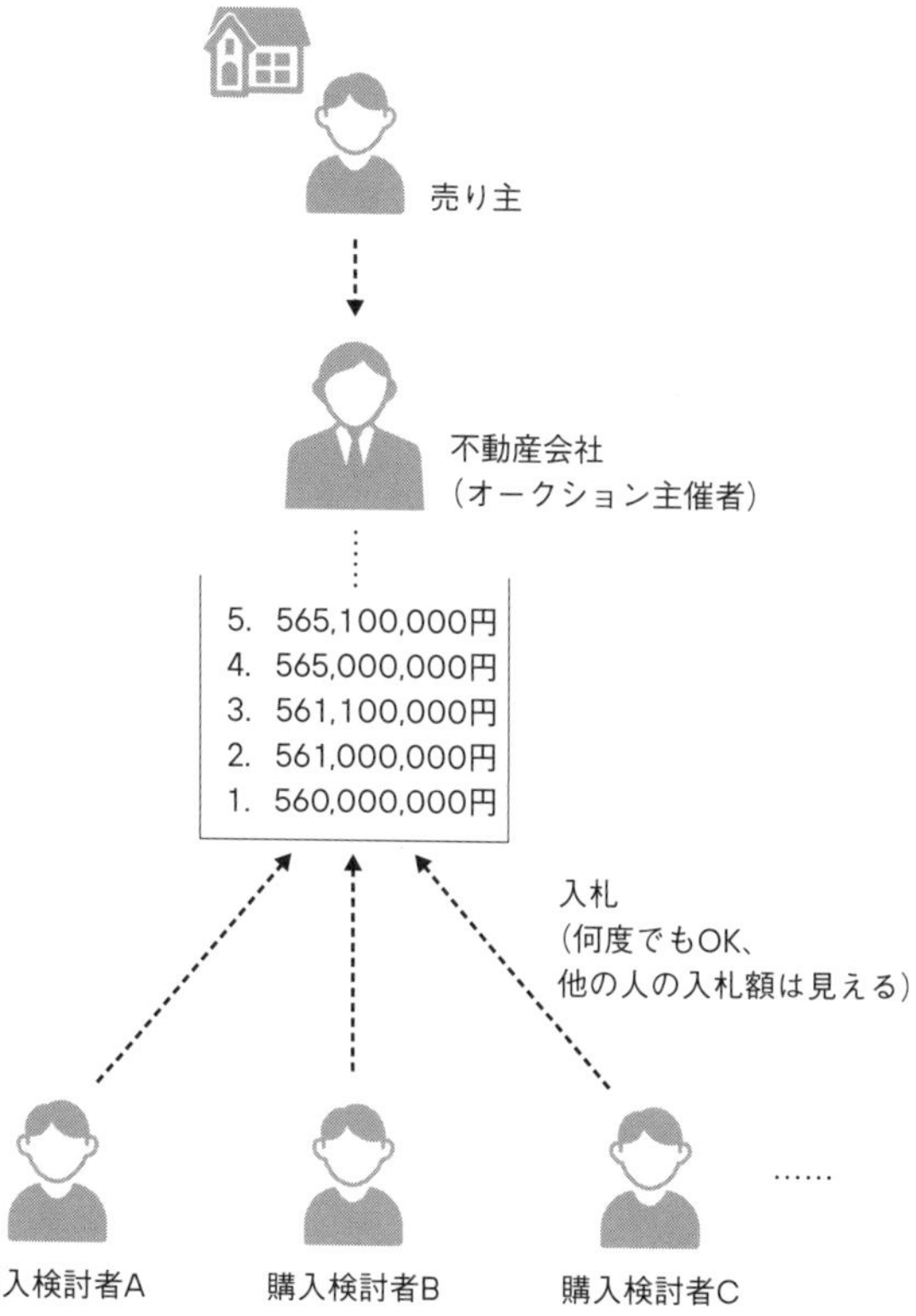

そこで、経済学者のもとを訪れ、現状の課題の相談を行ったとのことです。結果、それまでに蓄積した不動産オークションの取引データと経済学を掛け合わせて、経済学者と一緒に最適なオークションの制度設計をすることになったのです。

実際、学知を導入したことで、**より公正なオークションを精緻に設計するためには緻密なデータ分析が必要である**ことがわかりました。

オークション理論が生み出す再現性

同社では学知の導入によって、主にオークションのルールや手順の見直しを行いました。そこには2つの重要なポイントがあります。

1つめは、決められた手順通りに行えば、最大評価を導き出す公正な不動産取引を、**誰でも再現（マネジメント）できる**こと（詳細は174ページ）。

そして2つめは、「最高の売却条件」をどうやって導くのか、その**ルールを明確に説**

明できることです。

オークション理論では、どのようにオークションを行えば最高の条件になるのか、公正性はどのように担保できるのかが、様々な形で定義されています。

そのため、顧客から、

「本当に最高値の売却になっているのか？」

「なぜ、この売り方だと最高の売却条件になるのか？」

などと尋ねられたとしても、そもそもの理論に立ち戻って説明することができる。学知の裏付けがあることにより、「私が誠心誠意、頑張った結果です」といった精神論ではなく、ロジカルに説明できる。この点が、売り手にとっての納得度につながっているのは間違いありません。

このような説明ができる不動産会社は、通常は存在しません。これによって**他社との差別化が叶い、顧客である不動産所有者に対する企業価値が高くなっている。**これは、経済学ならではの効果だと、同社では考えているそうです。

「情報の非対称性」を売り方で克服する

ところで、「最高値での売却」というと、まるで売り手の利益が最優先で、購入者からは搾取しているかのような印象を抱かれるかもしれません。

たしかに不動産オークションで売買すると、「一般的な不動産の相場価格」よりは高い価格で落札されることもあります。しかし、オークションだからといって購入者は不当に高い価格を支払っているかというと、それは違います。

実は、「相対取引」で「一般的な不動産の相場価格」で購入する場合、買い手にはその価格に加えて別の費用がかかっていることがよくあるというのです。

それはいったい、どういうことでしょうか？

「最高価格での販売」の買い手のメリット

「相対取引」は、その特性上、価格が折り合えば取引が成立してしまいます。そのため、その**「早いもの勝ち」**に勝つためには、不動産仲介業者から未公開情報を引き出したり、優良物件を優先的に回してもらったりしなければなりません。そこに少なからずコストがかかっているわけです。しかも、こうした費用は、「最終的に買ったかどうか」にかかわらず、負担せねばなりません。

言い換えれば、**不動産仲介業者と購入検討者たちの間には「情報の非対称性」があり、購入検討者たちは平時から相応の時間的・金銭的コストを払ってその非対称性を埋めない限り、そもそも「一般的な不動産の相場価格」での購入にたどり着けない**現状がある、といえるでしょう。

純粋に「最高価格」で競える場をつくる

競り上げ式オークションを行う場合には、なるべく多くの購入検討者を集めること、そして購入検討者たちに情報をなるべく公正に提供することにメリットがあります。

そのため、購入検討者は、前述の「コスト」をかけることなく、純粋に購入希望価格だけで競うことができる（ただし、同社の不動産オークションの参加資格は、現在は主に不動産を業としている購入検討者に限定されています）。

しかも、「相対取引」の際には必要だったコストをすべて「不動産の購入希望価格」に上乗せできれば、買い手のコストは変わらぬまま、売り手の収益を最大化することができるでしょう。

つまり、売り手、買い手ともに最も納得がいく方式を考え抜いた結果が、同社の競り上げ式オークションといえるのです。

情報の非対称性とは?

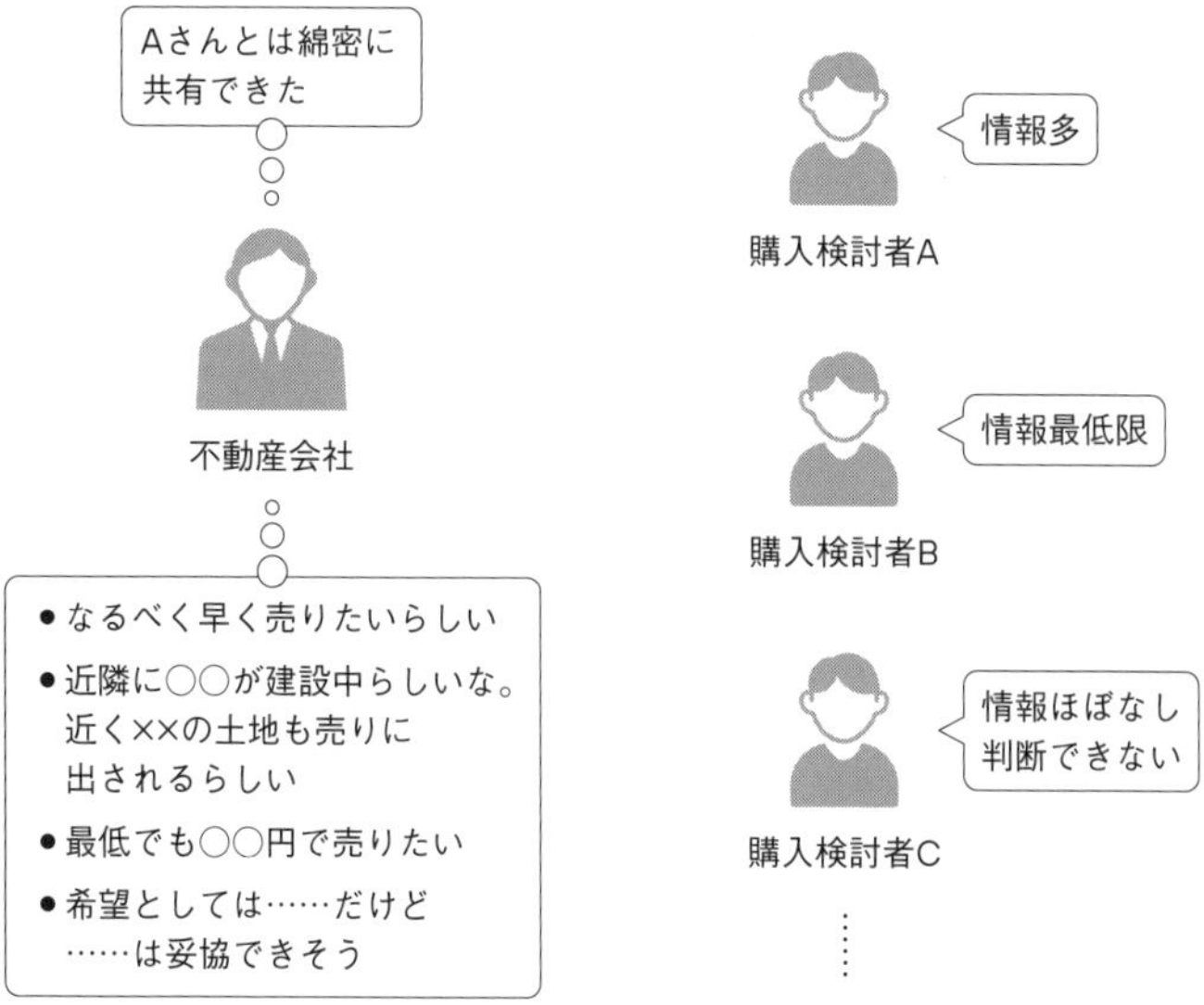

人によって持っている情報量が違うと
正しい判断ができなくなる

「属人的ノウハウ」からの脱却

日本のビジネス現場では、多くの物事が「属人的な知識と経験によるノウハウ」で進められています。デューデリ&ディールの不動産オークションは、こうした現状から脱却し、再現性の高い不動産取引を可能にする目的も果たしているといいます。

そもそも、「属人的な知識と経験によるノウハウ」とはどういうことでしょうか?

属人ノウハウはなぜ危険なのか?

「美容師」を例にとると想像しやすいと思います。美容師の場合、カットの技術は属人的ですよね。そして、顧客も多くは、企業や店そのものではなく、各美容師についています。一人の優れた美容師が移籍すると、その人材のノウハウや顧客まで一緒に移籍してしまうということが起こりがちです。

こうした**「属人的な知識と経験によるノウハウ」を、いかに全社的な資産にしていくか。**この課題は、あらゆる業種の企業が抱えているものだと思います。

他方、ノウハウを体得している個人からすると、「属人的な知識と経験によるノウハウ」は、社内で共有するメリットはあまりありません。よほど会社に対する感謝の気持ちや忠誠心、チーム意識が強くない限りは、ノウハウを自分だけのものとして業績トップを走っていたほうが、都合がいいでしょう。

結果として、**主力メンバーが退職したらノウハウまで失われてしまった、**などというケースはよく耳にします。

これは不動産業にも当てはまる話です。不動産取引に関する様々な知識・経験の蓄積を原資に、従事者はそれぞれ、属人的なノウハウを持っています。実際、日本の不動産市場は、業界に精通した経験豊かな人たちによってつくられてきました。

とくに、不動産仲介業者には、報酬体系が「不動産取引の成約価格に応じて自分の報酬が決まる」という「歩合制」をとっているところも多くあります。その結果、不動産の営業職は、「この虎の巻は誰にも明かさない」とノウハウを独占したがるのです。

この発想は、**企業成長の観点としては弱み**につながります。その人材がいなくなったらノウハウごと失われてしまい、また一から積み上げていかねばなりません。

「再現性」が「属人ノウハウ」からの脱却につながる

さて、先ほど、経済学の活用によって生まれた同社の不動産取引の再現性についてお話ししました。再現性があるということは、**「誰がやっても同じようになる」**ということです。

要するに、制度設計されたオークションでは、「不動産業界熟練者のアドバンテージ」が不必要になる。手順に沿って行うことで、透明性が高く公正な取引を行いやす

ノウハウの属人化が再現性の妨げに

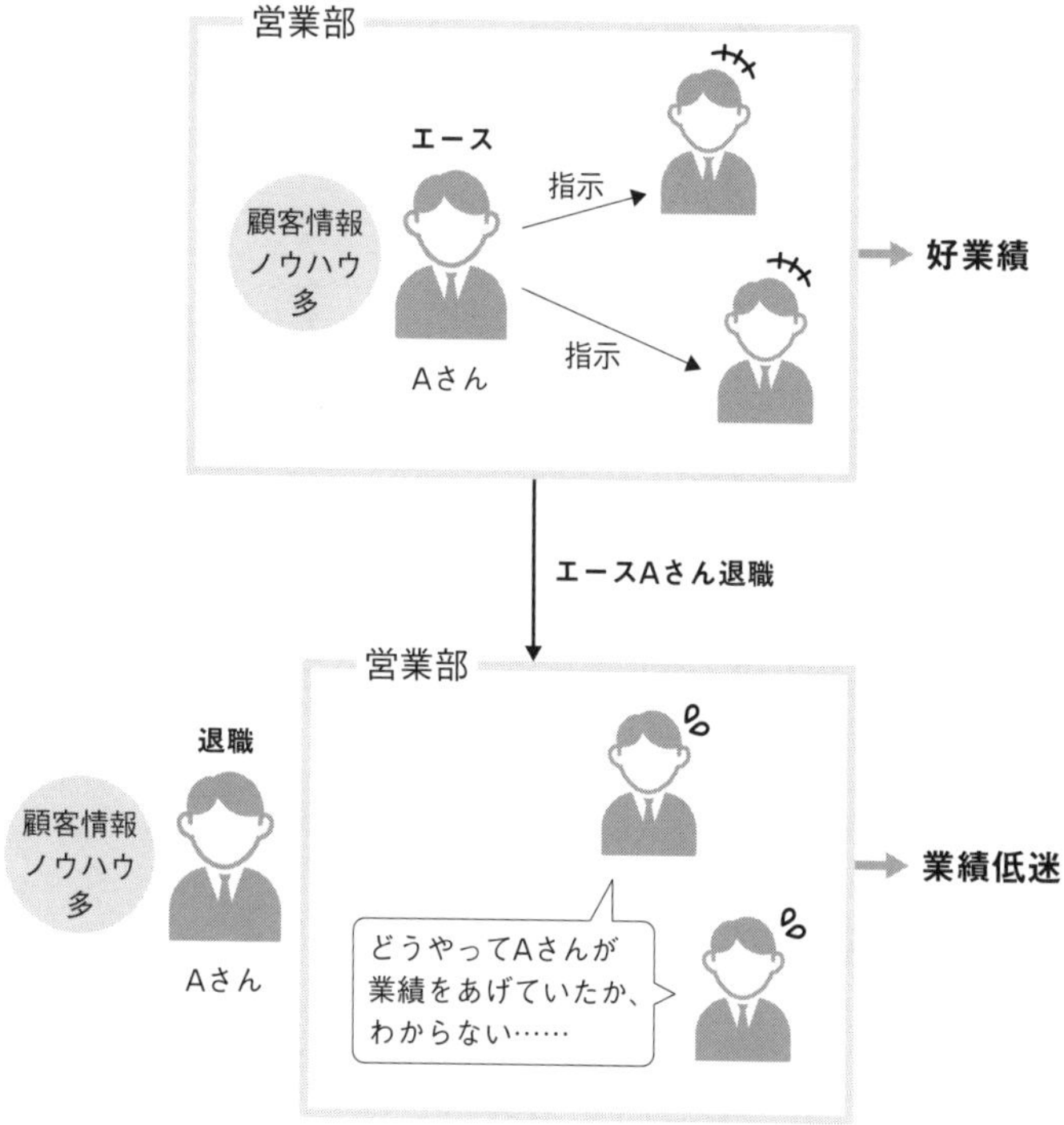

くなるのです。

また、人を雇う際などにも、業界の知識・経験豊かな熟練者、つまり属人的なノウハウを蓄積している人材を引っ張ってくる必要がなくなります。

制度設計されたオークションならば、「ノウハウを持っていない新人」「未経験者」であっても、弱みになることはありません。

そのみなもとには、「個人のノウハウ」ではなく、「データ分析によって弾き出されたオークションの仕組み（どのオークション方式にするか、最初の提示価格はどうするか、など）」があります。

つまり**個人の経験からくる意見や勘が介在する余地がなく、ベテラン社員と新人社員は、不動産オークションに対して同様の説明ができる**状況にあるのです。

勘・経験・度胸に頼りがちな不動産業界で、**「説明責任」**から生まれる**顧客の納得感**もまた、デューデリ&ディール独自の価値になっているといえるでしょう。

業界特性を踏まえた「CRM（顧客関係管理）」で永続的な成長をかなえる

企業の永続的な成長をかなえるには、顧客と良好な関係を築き、企業として顧客のLTV（ライフタイムバリュー／顧客生涯価値）を上げていくことも重要です。ただし、不動産業界は、LTVを上げることがとても難しい業界の1つだといいます。

そもそも、「不動産を売却したい」という不動産所有者に巡りあうこと自体、易しいことではありません。

不動産仲介業者の中には、不動産管理会社など不動産所有者と連携して仕事をしている事業者もいますが、不動産所有者だからといって、常に売却したい不動産があるわけではありません。つまり一人の顧客（不動産資産の売り手）と永続的・定期的に売買取引するというのが、不動産業では難しいのです。

かといって、そのつど一本釣りのようにして不動産の売り手を探しているようでは、**営業コストは膨れる一方**です。おまけに少子高齢化が加速し、中長期的に人口が減っていくことが必至の日本において、今後、**不動産取引の絶対数はどんどん減っていく**でしょう。どこをとっても、不動産業は厳しい環境にあるわけです。

闇雲な新規顧客開拓をしない

では、デューデリ&ディールでは、どのような営業戦略をとっているのでしょうか。

同社は取引先に特徴があります。個々の不動産所有者ではなく、顧客の税務や資産管理の委託を受けている士業の方々（会計士や税理士）を、主な取引先としています。会計士・税理士は、顧客の資産管理や運用のアドバイスも業務の一環で行っていることもあり、多種多様な「資産」を扱うことも多くあります。現金・証券・保険などの金融商品だけでなく、美術品や不動産、最近では暗号資産などの相談も持ち込まれるといいます。ますます多様化する資産に対し、個々の会計士や税理士は、士業だからといってすべての分野に詳しいわけではない。当然、自身の知識だけで管理やアドバイスをするにも限界があります。

そこで同社では、不動産に関連する部分について、そうした士業の方々と一緒に対応をしているのです。当然、すべての相談案件が不動産売却につながるわけではありませんが、新規顧客の開拓コストと比べると、効率性が圧倒的に高い。

また、前述のように、再現性のある不動産オークションの制度設計がなされているため、いざ、不動産を売却するとなった際の売り手の満足度も高い。売り手の満足を通して、紹介した士業の方々との良好な関係性が続くのだそうです。

このように、「不動産所有者」そのものではなく、**「不動産所有者につないでくれる、士業の人」を主な取引先とする**こと。**士業の人たちをＬＴＶの観点で考えていく**こと。不動産業界特有の事情があるからこそ、この2点を考慮することが重要なのでしょう。

これから「経済学のビジネス活用」を進めていくために

経済学者とともに、より納得度の高い売買を目指す

同社では経済学者を顧問として迎え、不動産オークションという売買方式を学知で制度設計することで、顧客の納得や満足を高める選択をしています。

しかしそれでも、すべての売り手が「売却条件」に納得しているわけではない、と同社は考えています。

どんなに緻密に制度設計しても、手法やプロセスが十分に説明できなければ、得られる納得も得られなくなってしまいます。 設計した制度を利用して、より多くの依頼

者が納得する売却提案をすることが、同社の役目であり、今後の課題なのです。

また、**購入検討者に対するアプローチ**も、課題の一つとして考えているといいます。適切に設計されたオークションは、購入検討者にとってもフェアな取引方式となりますが、その公正性はまだ、広く認知されていないのが現状です。

168ページの「情報の非対称性」にかかる費用を考慮しなければ、やはり「普段より高い」と感じる価格にもなりがちであることも事実です。

今後、購入検討者に対してどのように認知してもらうか。それが、経済学に裏付けられたオークションのビジネス成長のカギを握っているといえるでしょう。

属人的なビジネスからの脱却を進めるために

いまだに、不動産業界には、属人的で、営業電話やファックスなどのアナログな手法をとっている企業が大多数です。しかし、「不確実な時代」といわれる時代だからこそ、**売り手・買い手ともにきちんとした理論に基づいた意思決定ができる環境を整える**ことが、今後ますます求められてくるでしょう。

「オークション」研究を行っている経済学者と巡りあえたことは、同社のこれからの戦略に大きなアドバンテージを与えています。詳細は222ページでお話ししますが、自社のビジネスに経済学を活用したいと考えても、その分野の研究者と出会うことは、容易ではありません。

ただし、幸運にもその出会いが実現すれば、ビジネスの可能性は格段に広がります。同社はオークションの制度設計の精度を高めるため、これまでの購入検討者データや入札データ、それぞれの不動産取引に関連するマーケットデータの分析も進めていくとのことです。**購入検討者ごとの傾向などのデータが蓄積していくことで、オークションの制度設計の精度も高まっていくでしょう。**

経済学者とともに、データを分析・活用していく。**時代を見据えた「次の展開」を考えていける**ことも、経済学との出会いのたまものといえるのではないでしょうか。

属人的な虎の巻はどうしたら会社の財産にできるだろうか?

経済学活用事例

5

デロイト トーマツ

顧客との信頼形成、課題の明確化と企業価値向上のための経済学

キーワード

課題の言語化、ＥＢＰＭ（エビデンス・ベースド・ポリシー・メイキング／エビデンスに基づく政策立案）、ＥＳＧ

活用レベル

★☆☆

各人が経済学を学び、業務に活用

企業プロフィール　デロイトトーマツグループは、全世界150を超える国・地域に広がるDeloitteの日本のメンバーファームとして、監査・保証業務、リスクアドバイザリー、コンサルティング、ファイナンシャルアドバイザリー、税務、法務等を提供。

中でも有限責任監査法人トーマツ（以下、「監査法人トーマツ」）は、日本の大手監査法人であり、４大監査法人の１つ。会計監査、株式公開支援、リスクアドバイザリー、

ガバナンス支援等を提供する。創業は1968年、事業範囲は会計監査・証明業務（会計監査、株式公開等）、リスクアドバイザリー、コンサルティングサービス（年金コンサルティング、国際投資コンサルティング、CSR）等、非常に幅広いサービスを展開している。

また、デロイト トーマツ ファイナンシャルアドバイザリー（DTFA）は収益構造を変革するためのM&Aや、企業再編・不正調査などのクライシスマネジメントの局面において、企業が直面する重要な課題解決の支援を行う。所属する専門家が、国内では東京・前橋・名古屋・大阪・広島・福岡を拠点に活動し、海外ではデロイトの各メンバーファームと連携して、日本のみならず世界中のあらゆる地域で最適なサービスを提供できる体制を有する。

取材

【監査法人トーマツ】永井希依彦氏（マネージングディレクター）

【デロイト トーマツ ファイナンシャルアドバイザリー合同会社】

竹ノ内勇人氏（シニアヴァイスプレジデント・公認会計士）、長山聡祐氏（産業機械・建設／エネルギー統括パートナー・公認会計士）、佐々木友美氏（シニアアナリスト）、増島雄樹氏（プリンシパルエコノミスト）

※所属・役職は取材当時

企業の「漠然とした課題意識」を明確にするという仕事

デロイトトーマツグループは「日本最大級のプロフェッショナルグループ」の1つとして、監査・保証業務、リスクアドバイザリー、コンサルティング、ファイナンシャルアドバイザリー、税務、法務等を担う各法人を擁するグループです。

中でも今回、取材した監査法人トーマツ リスクアドバイザリー事業本部の永井氏は、「事業に潜むリスク」という観点から、顧客企業の成長のサポートやリスク解消のアドバイスを行っています。

また、デロイト トーマツ ファイナンシャルアドバイザリー合同会社の竹ノ内氏は、企業のM&Aの価格決定など意思決定のサポートや、キャッシュフローだけでは捉えきれない企業価値（非財務価値の可視化）の分析などを行っています。

両氏とも、ご自身がデータを扱うプロフェッショナルでありつつも、各業務において経済学者とともに仕事をしています。

「自社の問題点」を明確に把握している顧客は少ない

デロイトトーマツの顧客は、様々な課題を抱えている企業や自治体です。しかし、顧客自身が自らの課題を明確かつ具体的に認識しているとは限りません。むしろ相談の初期段階では、

「現状、何となくまずい状況だ、何とか改善したい」
「業績を向上させたい」

など、漠然としている場合のほうが多いのかもしれません。

したがってデロイトトーマツの仕事は、まず「顧客が抱えている課題をはっきりさせ、言語化して関係者間で共有する」ことから始まります。いわば**顧客との「共通言**

語」をつくることが出発点なのです。

課題を明確化、言語化するための「科学」

では、「顧客が抱えている課題をはっきりさせて、言語化して関係者間で共有する」ために、どのように経済学が役に立つのでしょう。

その具体的な方法はケース・バイ・ケースだとお話しされていましたが、同社がしばしば行うのは、顧客の中の**漠然とした課題意識を、まず経済学的な枠組みに当てはめてみる、**ということだといいます。

それぞれの顧客は、自身の課題を、自社ならではの固有のものと考えています。もちろんその認識に間違いはないのですが、しかし、**他社の持つ課題と共通する点がまったくないわけではありません。**部分的ではあっても、他社と共通しているところもあります。たとえば課題のあり方は異なっていても、経済学が提示するものの見方・考え方の「尺度」を当てはめることで、見え方が変わってくるところもあるそうです。

いわば、経済学的な枠組みを通じて、顧客に課題の捉え方の**「補助線」**を示していく。漠然とした課題でも、経済学の補助線を引くことができれば、そこに**客観性と再現性が生まれます。**経済学が持つ客観性と再現性をたどることで、「どのような方策をとるべきか」を明確に提示することができるのです。

経済学によって引くことのできる補助線を、架空の事例で考えてみましょう。

あるメーカーが、「売り上げを伸ばしたい」という課題を持っていたとします。「売り上げを伸ばす」という漠然とした課題意識を経済学の言葉でいい換えると、「その製品の供給を増やす」ということになります。供給を増やすには、需要を増やす必要がある。

では、需要を増やすにはどうしたらいいのか。需要増につながる要素は何か。定性的あるいは定量的に把握するにはどうするか。そのものの価値はどこにあって、その価値は今後、どうデザインしていくことが求められるのか。

経済学の理論は、「その場合はこうすればいい」という直接的な解を与えてはくれません。しかし、**考え方のヒント**は提示してくれている。そのヒントを参考に、「売り上げを伸ばす」という漠然とした課題をより細分化して解きほぐし、検討項目を効率的に洗い出していくことができるのです。

最終的に同社が、顧客の課題解決のための提案をする際にも、経済学の裏付けを基に示した案は納得を得られやすいといいます。顧客に対するアカウンタビリティ（説明責任）を果たせる「共通言語」をつくる。これが、同社が経済学を活用する目的の1つです。

偏りなく、先入観に縛られずに課題を解釈する難しさ

何か漠然とした課題があるときに、それを細分化して解きほぐす。これだけを聞くと、それは当たり前のことであり、わざわざ経済学を使うまでもないと思われるかも

企業課題には共通点がある

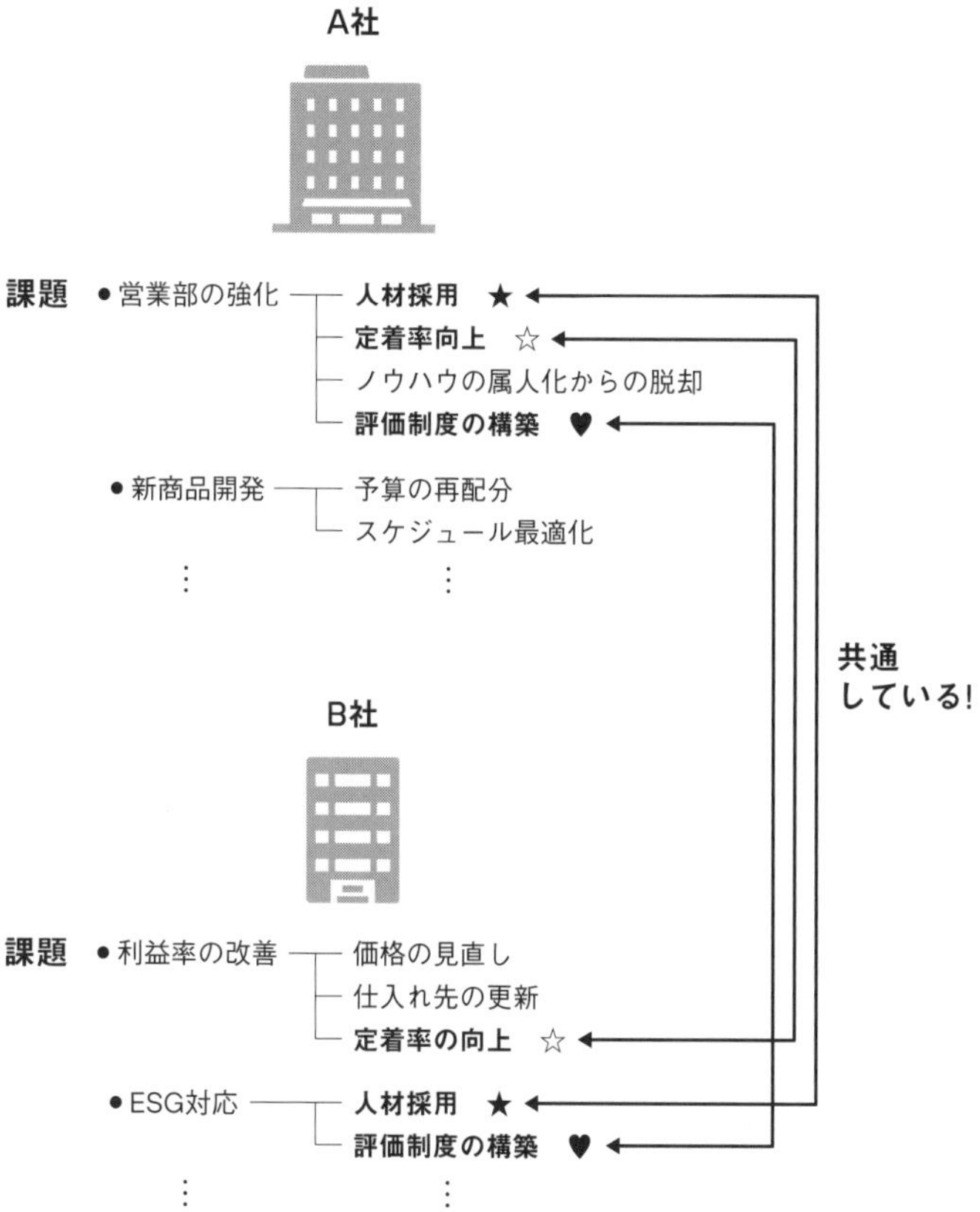
A社
課題
●営業部の強化
人材採用 ★
定着率向上 ☆
ノウハウの属人化からの脱却
評価制度の構築 ♥
●新商品開発
予算の再配分
スケジュール最適化
共通
している!
B社
課題
●利益率の改善
価格の見直し
仕入れ先の更新
定着率の向上 ☆
●ESG対応
人材採用 ★
評価制度の構築 ♥

しれません。

しかし、この細分化を、思い込みや偏りなく行うのは実はとても難しい。その業界に長く身を置いていると、自然と考え方に変なクセがついてしまうこともあります。

たとえば、**自社の売り上げが伸びない原因を、安易に世の中の動向のせいにしてしまって、安易に値下げしてしまった、などという話はあとを絶ちません。**

こうした、当時者ならではの思い込みや偏りに対して、経済学は有効なものさしとなり得ます。常に移り変わる社会の変化を分析するという経済学の特徴は、部分的ではあっても、個々のビジネスにも援用することができるのです。

デロイトトーマツは、経済学のその特徴を生かして、経済学的見地を取り入れることを、顧客に対する納得感のある説明に役立てているというわけです。

EBPMと経済学

「経済学的見地を取り入れることで、顧客にとって納得感のある説明ができる」という価値は、自治体や政府を相手とする場合も変わりません。

とくに「EBPM（エビデンス・ベースド・ポリシー・メイキング／エビデンスに基づく政策立案）」という考え方が広まっています。その中で、重要なエビデンス（合理的根拠）を見つけるという点で、経済学が培ってきた専門性の高い分析は重要性を増しています。客観性・再現性を重視している経済学は、EBPMとの親和性がとても高いといえます。

民間企業であれ地方自治体や政府であれ、顧客が抱える課題について、**納得感のある解決策を提示する**こと。よりよい意思決定、政策決定をサポートすることに、デロイトトーマツにおける経済学活用が生かされているとみていいでしょう。

経済学という「科学」と感情

「顧客の漠然とした課題認識を、明確にする」と一言でいっても、課題との向き合い方は、顧客によって様々です。

データとファクトによる客観的な分析結果が有効な提案になることもあれば、ならないこともあります。**分析によって導き出された回答と、課題の当事者である顧客が進めたい主観的な方針が相反する場合も珍しくない**といいます。

「科学」である経済学と、人の思惑や感情が嚙み合わないとき、どうすればいいのでしょうか。

感情と科学のちょうどいい距離感は？

経済学は科学です。いい換えれば、学問の優位性は、「客観性」と「(社会実験等による)再現性」です。その枠組みを当てはめた結果、導き出された方策は、高次元での「説明責任」を果たしているといえます。

しかし「客観性」と「再現性」を差し置いてでも、**依頼者の想い、あるいは社会的な意義など、別の方針で進めていきたいケース**も少なからずあります。こうしたケースでは、経済学を当てはめて提案しても、当初の方針から変更されない場合も多いといいます。

では、想いが強い場合、あるいは意義が大きい場合などは、経済学の枠組みを当てはめることに意味はないのでしょうか？　当然ながら、その答えは「意味はある」です。

それでは、なぜ想いが強かったり、社会的意義のためだったりするものに、経済学を当てはめることが必要なのでしょうか?
そこに関わってくるのは、**「意思決定の質」の問題**です。

決定の質を上げていくための「科学」

ビジネスでは、意思決定を求められる場面は多くあります。そのプロセスは、組織により案件により様々だと思いますが、想いが強かったり、社会的意義が大きかったりする物事について、同社ではあえて経済学の枠組みを当ててみることがあるといいます。

最初から顧客の想い（や社会的意義）だけに向き合って突き進むことと、データドリブンな分析結果と顧客の想いを比較したうえで「顧客の想い（や社会的意義）に寄り添って」進むのでは、意思決定の質がまったく異なるからです。

私たちはしばしば、想いの強い事柄については、その周辺まで含めて幅広く例外と

想いの強いものにあえて経済学を当てる

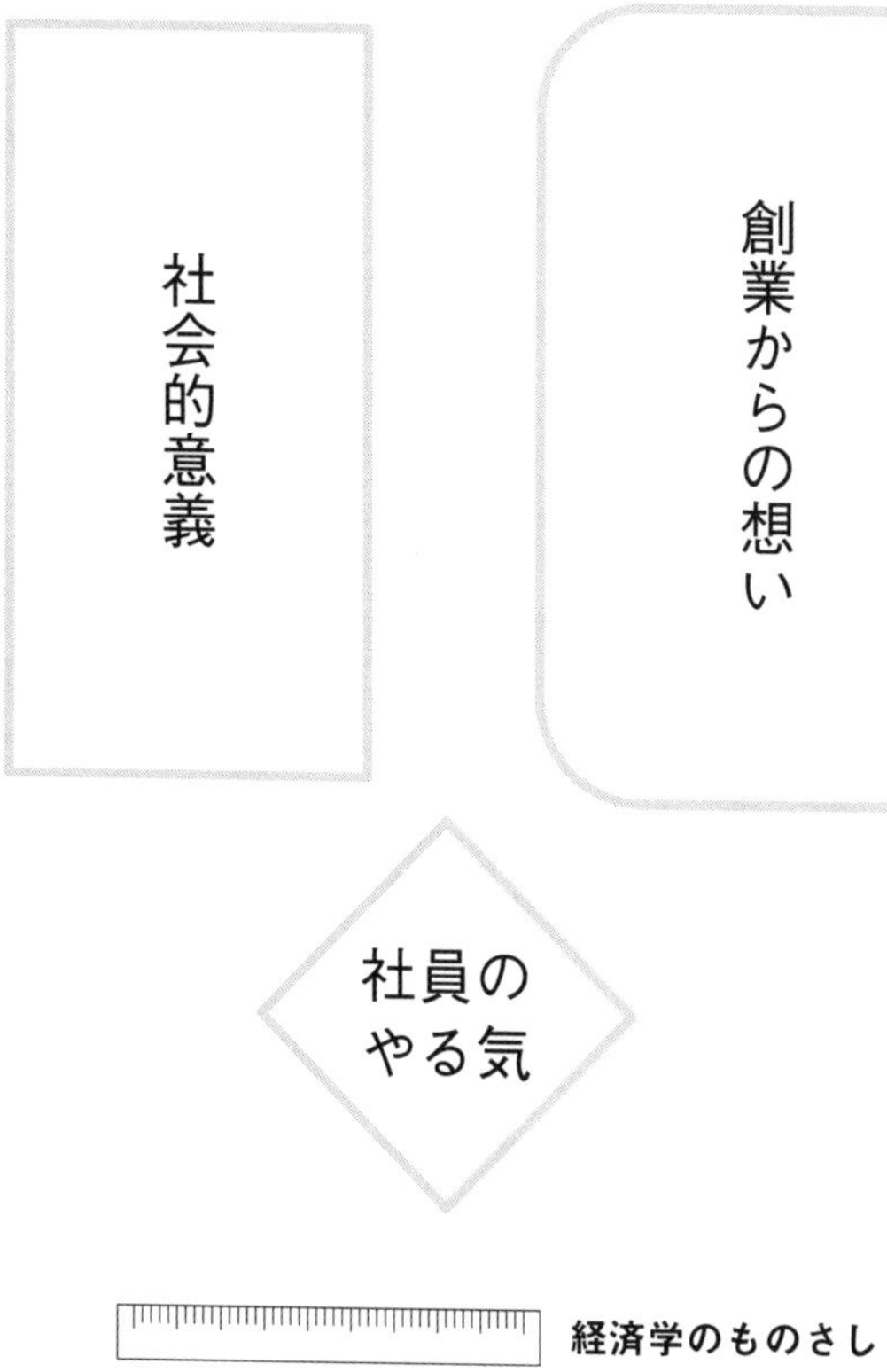

考えてしまう節があります。しかし、いくら想いが強くても、社会的意義が大きくても、踏まえなければいけない前提はあるはずです。

データ分析などを通して客観的な材料を提示することで、どこからが顧客にとって重要なのか、どこまでを前提としておさえておく必要があるのかが見えてくるといいます。結果として、よって立つところのない、ふわふわと空中を漂うような決定をせずに済む。たとえ分析結果とはまったく異なる決定になったとしても、

「客観的な分析によればAが最適解のようだが、当社としてはBをとりたい」

などの形で、**より顧客自身の意図を明確化した決断につながる**のだといいます。

同じ決定でも、「そういうものだから」とする決定と、最適解を知ったうえであえて別の方策をとる決定とでは、**蓄積される経験知も変わっていきます**。想いが強かったり、社会的意義が大きかったりするからこそ、継続していくためにはその経験知が重要なのです。

ＥＳＧの課題に経済学が果たす役割

デロイト トーマツでは、ここ数年で急速に広まりつつある「ＥＳＧ」のコンサルティングについても経済学の知見を取り入れています。

ＳＤＧｓ（持続可能な開発目標）も叫ばれる中、これから今まで以上にＥＳＧに注目が集まってきます。とくに、上場企業では、ＥＳＧへの取り組みの開示義務もあり、何かしらの行動が求められているわけです。

しかし、ＥＳＧの「重要性が増していることを理解していること」と「実際に力を入れていること」の間には、未だに大きな乖離があるといわねばなりません。

「ＥＳＧによって将来的に企業価値が上がる≒株価が上がる」

「ＥＳＧを無視しては、商売が成り立たない世の中になりつつある」

という現実は、まだまだ認知されていません。環境的・社会的課題を踏まえても、ESGは多くの企業にとって率先して「取り組みたいこと」ではなく「取り組まなくてはいけないこと」です。

要は、**ESGに取り組むことが、本当に企業価値につながっている**と感じることが現時点ではほとんどない。結果、今までなかった枠組みを取り入れるための動機づけにつながっていないのです。

ESG推進に経済学ができること

ESGは、近年、経済学で飛躍的に研究が進んでいる分野です。その見地から、「この業種では女性管理職の割合の増加が株価に影響している」「カーボンオフセットに取り組むことで株価が上がっている」などの因果関係をデータで示せば、企業のESGの動機づけの1つにつながっていくでしょう。

もちろん、そのデータをどう受け取り、どのような意思決定を下すのかは顧客次第ですが、ここでも試みられているのは**課題の捉え方の「補助線」を引くこと、もののの見方・考え方の「尺度」を示すこと**です。

経済学的見地を取り入れた、納得感のある説明、客観性と再現性のある提案をすることで、顧客が意思決定するためのサポートしているのです。

これから「経済学のビジネス活用」を進めていくために

「たまたま」を「必然」に変えていく

企業利益最大化のための意思決定は、必然性のあるものです。いい換えれば、ある程度の確度で「こうすれば、こうなる」といえるだけの**根拠のある意思決定**です。どんな企業でも、日々、多くの意思決定をしています。ただし、その決定の「根拠」はというと、企業文化によって、あるいは時と場合によって、異なるのではないでしょうか。過去の経験則による意思決定もあれば、場当たり的な意思決定もあるかと思います。

たとえば、原材料費の高騰などにより「値上げ」を余儀なくされたとしましょう。企業にとって値上げは大きな賭けです。ことによると今までの顧客が離れてしまうかもしれないため、なるべく値上げは最低限にしておきたい。実際、過去に値上げをしたことで顧客が離れてしまったという、痛い経験を持つ場合もあるでしょう。

それでも早々に価格の維持が限界に達しそうだったので、「1割の値上げ」を決定した。そして、いざ蓋を開けてみれば、離れていく顧客はほとんどいなかったため、結果的に増収になったとしましょう。

さて、重要なのは、ここからです。

「値上げは不安だったけど、なんか大丈夫だったね」

「大丈夫どころか増収になって、よかったね」

で終わらせては、次につながりません。

そのときの成功体験を、そのままにしてしまうのは、「たまたまの成功」のまま終わらせてしまうということです。その**成功体験の扱い方次第では、価値ある経験として次につながる**というのに、もったいない話です。

では、その成功体験を、どう扱ったらいいでしょうか。

「今回は1割の値上げでうまくいったから、次からも、原材料費が高騰したら1割の値上げにしよう」という経験則とするのは、あまりにも短絡的です。それで次も成功する保証はどこにもありません。

成功には必ず何かしらの要因があるはずです。「何となく、うまくいった」で済ませるのではなく、**「今回は、こういう要因で、うまくいったと思われる」ということを、細かいデータに基づき綿密に分析すると、今回の「たまたま」から「根拠ある」値上げに変わります。**

今の「値上げ」の例でいえば、「経済環境」「商品属性」「顧客層」「値上げ幅」などに基づき分析することで、「こういう市況の中で、どういう顧客層がいる商品では、どれくらいの値上げならば許容範囲か」を見つけ出す。

そういう考え方を理解することで、次からは、ある程度確度の高い根拠をもって意思決定が可能になっていくのです。

もちろん、最初から細かい分析をして、「たまたま」狙いではなく、必然性の高い意思決定ができれば理想的であるというのは、いうまでもありません。

「目分量の家庭料理」を「プロのレシピ」に変えるということ

意思決定とはいい換えれば「何かしら新たな決断をすること」であり、何かを決断するのは勇気がいる。そこで**失敗のリスクを最低限に抑えるためにデータ分析が役立つ**ということです。何事にも想定外はつきものですが、経済学という使えるツールはデータを集めて使えば使うほど、精度を格段に高めることができるのです。

このように、「うまくいった理由を分析して、明らかにしておく」というのは、「料理のレシピ」をつくるようなものです。

適当に材料を選び目分量で調味料を加えてつくる家庭料理は、ものすごくおいしくできることもあれば、あまりおいしくないこともあります。料理に慣れていない人の場合は、とても食べられたものではないということもあるでしょう。

しかし、「プロが書いたレシピ」通りにつくれば、誰でも、その料理をおいしく再現できます。レシピとは、まさしく料理の「たまたまうまくいく」を「必然的にうまくいく」に変えるものといっていいでしょう。

同じ素材を使っても、季節によって脂の乗り方などの状態が違ったり、あるいは同じ「塩」でも製品によって味わいが多少、異なったりはするでしょう。しかしレシピに従ってつくれば、少しのブレはあっても十分においしいものができるはずです。

これと同じことが、経済学のビジネス活用にもいえるのです。

世の中も企業の状況も移り変わっていますから、寸分たがわぬ同じ状況で、寸分たがわぬ同じ課題が生じることはありません。

しかし、過去の成功例を分析し、うまくいった理由を明らかにしておけば、それが、いわば**「課題解決のレシピ」**となります。レシピがあれば、**類似ケースの際に、少しのアレンジで十分に成功が見込める策を打つことができる**というわけです。

先に挙げた例は「成功体験」でしたが、「失敗体験」も然りです。「こうしたら、うまくいかなかった」で済ませるのではなく、「こうしたら、こういう理由でうまくいかなかったと思われる」と理解することで、次は同じ轍を踏まずに済むでしょう。

ある意思決定を下して成功したとき、あるいは失敗したときに、**「根本的な理由を分析する手法がある」**と気づけるかどうか。**「自社の経験則ではなく、理由をきちんと分析するために学知の力を借りよう」**という発想が働くかどうか。

そこが企業、ひいては日本経済の明暗を大きく分けていくのではないでしょうか。

経済学を使って、現在の延長線ではない「新しい未来」を提示することは可能か？

今後、デロイトトーマツが経済学者とともに新たに取り組みたいテーマを尋ねたところ、その1つとして、「現在の延長線上ではない、新しい未来を提示すること」が挙がりました。私はここでも、経済学が助けになるのではないかと考えています。

まず、経済学ではしばしば、社会にある様々なデータを分析し、予測モデルがつくられています。今後、質・量ともに改善されたデータが蓄積されていけば、信頼性の高い分析につながり、高度な予測を可能にすることは間違いありません。

ただ、中には「ますます変化が激しくなっていく時代においては、その予測はますます立てづらく、また当たりにくくなっていくのではないか」「データという過去の何らかの原因・要因を分析しても、これからの結果を予測することはできないのではないか」と考える方もいるかもしれません。

それでも、たとえ社会がどのように変化していったとしても、**未来のある一点は必ず、現在とつながっています**。まったく関係ないように思えたとしても、何かしらつながっているものはあるはずなのです。

実際、経済学においても、未来を創造するといっても過言ではない分野の研究も進められています。その一例が、前著でも紹介した**「マーケットデザイン」**です。

この分野では、それ以前の膨大な研究の中からたくさんのヒントをつなぎ合わせ、業界特有の要素を取り込みながら、今までになかった市場やルールなどの設計が行われています。さらには、ただ設計するだけではなく、実際に活用できそうか実験し、実装に向けた検証までも含んでいます。

すでに「新しい何か生み出すにあたり、（使えそうな）理論を実装し、よりよいプロダクトをつくりたい」ということもまた、経済学者のモチベーションの1つになっているともいえるのではないでしょうか（様々な事象の真理を見つけ出すこと、見つけた真理をもとに理論を導くことに重きを置く経済学者が多いとは思いますが）。

今後、ますます、過去に人間が触れたことのない価値観や概念、あるいは事象が起こっていくことになるでしょう。

そのとき、どのような社会が形づくられていくのか。

その中で企業や政府のあり方はどうなっていくのか。

こうした未来像に、新たな提案を導き出すことができるのか。

これらの問いは、分析ツール、説明ツールとしての経済学ではなく、**一種の「哲学」的な要素を含む社会実装を問うもの**だと思います。

ゆくゆくデロイト トーマツからも、そうした実装例が生まれていく可能性が大いにあると、期待も込めて記しておきたいと思います。

曖昧なもの、不確実な時代にこそ共通の「ものさし」が役に立つ

第 3 章

経済学を自社のビジネスに生かす方法

自ら、率先して経済学を活用するために

ここまで、ビジネスパーソンがまずはビジネス教養として経済学を習得することの有用性を述べ、実際に経済学を取り入れて成功している先行企業の例を紹介してきました。

経済学者が社内にいるケース、外部の経済学者に力を借りているケース、経済学者の力は借りずに自社でまずは頑張っているケースと、取り入れ方は三者三様です。

おそらく先行事例からもうかがわれたかと思いますが、ただ漫然と「経済学をビジネスに活用したら、何でもうまくいく」というのは違います。取り入れる側にも、それなりの心得が必要なのです。

まず「経済学はビジネスに使えるらしい」という発想を得ること、「ビジネス課題の解決策の1つの選択肢」として経済学の学知がヒントになることが第一。そのうえで、今まだ経済学を活用していない職場で、これから活用していくために押さえておきたい重要ポイントを、本章で述べていきます。

ポイント

きちんと準備すれば、
第一歩はすぐに踏み出せる。

経済学をビジネスに活用するための2つの準備

自身の仕事で、何かしらの課題を感じている――課題がまったくない企業はないと思いますので、すべてのビジネスパーソンに当てはまることだと思います。

そんな折、自分たちと近い課題の解決策が、書籍や新聞記事で紹介されていたとしましょう。そこには、経済学に基づくデータ分析などによって改善しているさまが記載されている。

ならば、すぐに自社でも導入できるかというと、そうはならないでしょう。ここで**大きなハードルとなるのが、ビジネスパーソンの多くは「経済学を、あまり理解できていない」こと**、そして**「経済学者と仕事をしたこともないし、そもそも接点もない」ということ**です。何を当たり前のことをいっているんだと思われるかもしれません。

ならば、こういい換えてみましょう。
「多くの経済学者は、ビジネスパーソンとあまり接点を持っていない」
「多くの経済学者は、ビジネス現場に身を置いたことがないので、自らの研究とビジネス課題が紐づいていない」

そう、ビジネスサイドが経済学サイドを知らないのと同様に、経済学サイドはビジネスサイドを知りません。**経済学者は、ビジネスに使える可能性が高いツールをたくさん持っているのに、実際に使われる現場に遭遇したことはほとんどない**のです。

しかも、ビジネスの現場というのは、百者百様といってもいいほど、それぞれが実に個性的です。その組織の中にいれば当たり前のことが、同業他社でも当たり前とは限らない。それぞれの企業が、それぞれ目的を抱え、それぞれの方法で運営されている。それが企業なのです。

ですから、仮にビジネス経験を持った経済学者にたまたま巡りあえたとしても、それだけで秀でた解決策を提示できるか、というと、そうとは限りません。ビジネス経験だけでなく、ビジネスと研究分野が合うか・合わないかということも重要です。

経済学者には、それぞれの研究分野ごとに、ツールを使いこなすスキルがあります。そのツールがきわめて有用であることは間違いありません。

しかし、**「どのような課題を、どのように解決したいか」をビジネスサイドが的確に共有しない限り、ツールをうまく活用することができません。**

仮に経済学者を雇用して、「企業成長につながりそうなビジネス課題を発見して解決してほしい」と託したとしても、短期間で、

「自社の課題の根幹はここであり、この課題には、こういう解決策が可能そうです。もし、その解決策で進めるならば、この先行研究の理論が使えそうです！」

とはなかなかなりません。もちろん、米国最先端企業のように、それぞれの部署に研究者を配置して何年もかけてビジネスの理解から取り組むならば話は別かもしれませんが、企業が経済学者の力を活用するには、相応の体制づくりが必要なのです。

では、どのような準備が必要なのでしょうか。それは、端的にいうと、

・自社の課題と経済学者に期待することを明確にすること
・経済学の広く浅い知識を身につけること
です。それぞれを見ていきましょう。

自社課題の明確化がすべてのはじまり

第2章で紹介した事例では、どの企業にも、まずビジネス課題がありました。
ここでいう課題とは、単に、
・売り上げを上げたい
・業績をよくしたい
・同業他社と差別化したい
といった漠然としたものではありません。さらに一歩踏み込んだ、
・自社のレーティングサービスの評価点数付けの精度を高め、信頼を高めたい
・新しい機能の成果を測り、その中のいくつかについて認知してもらいたい

・各既存顧客の関係性を分析し、今後の取引に優位な関係性をつくりたい

などでした。そう、ビジネス課題を（経済学で）解決したい、（経済学の力で）もっと効率的に仕事を進めたいと考えるならば、**経済学との結びつきを考える前に、自社内の課題を明確化しておくことが必須**です。

なぜ、経済学者に相談する前に、具体的な課題を、ビジネスサイドが明確にしなければならないのか。

まだ経済学を活用していない企業が、これから活用することを考えてみましょう。その場合、いきなり経済学者を雇用するのは難しく、またビジネスに活用できるレベルの経済学学習者が社内にいる可能性は限りなく低いため、まずは外部の経済学者に相談する、ということになるかと思います。

その際に問題となるのは、ビジネスが多様であるのと同様に、そもそも経済学は分野が非常に細分化されており、経済学者それぞれに専門分野があること。そして、**ビジネスと経済学のつながりは、一見すると非常にわかりにくい**ということです。

たとえば「売り上げを上げたい」のような漠然とした課題の場合、どういう現状で、なぜそういう課題を持っているのかによって、頼るべき学知は変わってきます。学者はコンサルタントではありません。まずは、「何がそもそも課題なのか？」を、ビジネスパーソン自ら明確にしないと始まらないのです。

もちろん、学者によっては曖昧な課題を分解するところから協力してくれる場合もあるかもしれません。ただ、肌感覚としては、漠然とした課題を分解した結果、その学者の専門分野にぴったり合う可能性は、かなり低いと思います。もしあるとしたら、その学者が自分の専門分野に引き寄せて、そのビジネス課題を捉えている可能性もあるかもしれません。

ビジネス課題と専門分野が異なれば学者は研究にもつながらず徒労になってしまいますし、そもそもの課題の捉え方が偏っていては、課題解決につながる可能性は下がってしまいます。

そのため、どの学者に相談するか、どの分野の経済学を取り入れるかを考える前に、自社の課題は何かを明確にしておく必要があります。

「自社には、こういう課題がある。この課題を、◯◯（経済学の各分野）で解決していこう！」

と考えるからこそ、企業成長につながる課題解決になっていきます。

「課題を明確にする」とはどういうことか？

繰り返しになりますが、ビジネスサイドと経済学者サイドでは、同じ事象に対しても、捉え方が異なることが多くあります。ビジネスパーソンが「この課題は、解決策がまったく浮かばない」と思い込んでいた課題に、実は経済学が大きく貢献できる、そんなケースも多いでしょう。

そのために必要な「課題の明確化」は、「課題を部分的に切り取って言語化すること」とイコールではありません。

身体の不調でも、どんな病気なのかを知り根本から治療しようと思えば、対応する医師は、症状だけでなく必要な検査をして症状としては出ていない問題も把握する必要がありますよね。その状態になってこそ、医学は本領を発揮できます。患者がただ、「とにかく頭が痛いので頭痛薬をください。あとの症状は秘密です。検査も不要です」

と主張していたら、医師としてできることはごくわずかでしょう。経済学のビジネス活用も同様です。

「自分たちの学知は、相手のビジネスに、どういうふうに役に立てるか」を経済学者の立場から考え、的確に提案するためには、相手、つまり企業がそのときに抱えている課題意識をすべて知る必要があるのです。

ですから、みなさんに意識していただきたいのは、ビジネスにおける経済学の可能性を何となく理解できたら、**自分たちであらかじめ峻別せずに、とりあえず「ここをどうにかしたい」「こういうことがしたい」と思っている内容をすべて言語化しておく、**ということです。課題を「棚卸し」して、最終的にたどり着きたいゴールを明確にしてほしいのです。

この「課題の棚卸し」が、経済学でビジネス課題を解決していくために必要な準備の1つです。

誰に相談したらいいかは、勉強なしにはわからない

さて、自社課題が明確になったところで、「誰に相談するか」という段階に進めます。理想をいえば、自社課題と関連の深い経済学者に目星をつけて、

「自社には、こういう課題があります。先生の研究分野である○○を活用して、ぜひ一緒に課題解決を行いたい！」

と伝えられれば、経済学とビジネスがうまく結びつきやすくなるのですが、これがまた難しい。なぜなら、**自社の課題が経済学のどの分野と関連しているのかは、経済学をまったく知らない人が考えても、さっぱりわからない**からです。

また、経済学者と話をするためには、ある程度の**共通言語が必要**です。ここでいう共通言語とは、「経済学の基礎知識」にあたります。

ビジネスでも、業界外の人と深い話をするためには、多少なりとも専門知識が必要ですね。自分自身に基礎的な専門知識がなければ、話が理解できません。同様に、経済学者に相談するときには、ビジネスサイドがある程度の経済学の勉強をしておくことが不可欠なのです。

この**「経済学の勉強」**こそが、経済学者と協働するための2つめの準備です。

求められるのは、「大人の学び」

なお、ここでいう「経済学の勉強」とは、受験勉強のような知識の習得でも、大学院などのような特化した深い研究でもありません。**「経済学の広く浅い知識を身につける」こと**こそが、求められる学びとなります（この勉強の仕方については、第4章で取り上げます）。

この勉強の目的は、自社の課題にピタリと合う経済理論を見つけることではありません。あくまでも共通言語の獲得です。

ただし中には、もともとビジネスサイドとともに何かしたいと考えている経済学者もいます。その人であればビジネスサイドが何も知らない状態での相談にも、応じてくれるかもしれません。企業側から、「企業が保有する現実のデータ」を使えるチャンスを提供してくれる。経済学者にとっては、「自身の新たな研究のチャンス」といえるからです。

しかし、そうした経済学者と経済学をまったく知らないビジネスパーソンとでは、よきビジネスパートナーにはなりにくい、ということも、お伝えしておかなければならないでしょう。それは、第1章でもお話ししたように、経済学者とビジネスパーソンが「先生と生徒」という関係になっては、ビジネスの成果を出すことが難しいからです。

では、経済学をビジネスで活用するために目指すべきは、どういう関係性なのでしょうか？　次の項目では、経済学をビジネスに上手に活用するための「チーム」についで考えていきたいと思います。

ポイント

準備1「解決したい課題」を明確にする。
準備2　経済学者との「共通言語」を獲得する。

学知のビジネス活用は「団体戦」

学知のビジネス活用の第一歩は、まずは課題が明確になっていることです。**ある明確なビジネス課題に対して、ビジネスサイドと研究者サイドが一丸となって立ち向かう。**そんなイメージが、目指すべき学知活用の形なのだと思います。

「ビジネスサイドと研究者サイドが一丸となって立ち向かう」といっても、簡単なことではありません。なぜなら、そこには、

・ビジネスサイド内で一丸となる
・ビジネスサイドと研究者サイドが協調する

という２つの要素が求められているからです。

それぞれについて、見ていくことにしましょう。

経営陣と現場のコンセンサスはとれているか？

経済学のビジネス活用の相談は、現場に近いビジネスパーソンから寄せられることもあれば、経営者サイドから寄せられることもあります。いずれにしても、何かしらの責任者、決裁権を持った方から寄せられるのが大半です。

そうした経緯から生じやすいのが、**社内のズレ**です。たとえば経営陣と現場と、あるいは現場のリーダーと実作業者との間での認識のズレなどが、経済学の活用の障害となってしまうケースがあります。

ここでは、レーティングを例に考えてみたいと思います。

ある企業の経営陣が、「一般の人たちの感覚が反映される評価（星付け）の仕組みが欲しい」と考えて、経済学者に仕事を相談したとします。その企業の経営陣にはある程度の経済学の素養があり、建設的な議論のうえで経営陣の課題意識に沿ったレーティングの仕組みが設計されたとします。経営陣は、さっそく現場に通達を出し、その仕組みを実装しました。

しかし、実装からしばらくたって、自社が提供するレーティングを見た経営者は驚きました。玄人《くろうと》受けするような、マニアックなものになってしまっていたからです。経営陣の課題意識とも、経済学者の設計した制度とも異なる結果になってしまっていた。どうしてこんなことになってしまったのでしょうか？

端的にいえば、**経営陣と現場のすれ違い**です。

現場には、たしかに経営陣からの通達がありました。しかし、「何やら新しい仕組みが上から降りてきた」という程度の認識しかありませんでした。経営陣の一番の狙いである**「一般の人たちの感覚が反映される」という点がうまく共有されていなかった**のです。

そのため、現場の担当者たちは、その評価の仕組みを、その界隈のプロたちの意見の集約に使ってしまった。経済学者が設計した仕組みは実装されたけれども、経営陣の狙いとは大きく異なる事態が起きてしまうわけです。

新しい制度やシステムを導入する際にはたいてい、導入者は通達とともに、丁寧に作成されたマニュアルを用意します。しかし、現場がそのマニュアルにきちんと目を通すとは限りません。**取扱説明書を読まずに、勝手な解釈で誤った使い方をしてしまうことも珍しくない。**

社内でのすり合わせが不十分だと、こういうことが起こる可能性があるのです。

経済学はツールです。そして、どんなツールもそうであるように、「何のためのツールなのか」「どうやって使うのか」を、実際に使う人たち、つまり現場が理解していなければ、そのツールは本来の役割を果たせません。

新しい専門知をビジネスに活用するのなら、その目的と正しい使用法の認識を社内で通底させる必要があるのです。

社会に関心の高い研究者を味方につける

続いて、経済学者との連携を見ていきましょう。

ビジネス活用の最初のアプローチは、おそらく、ビジネスパーソンから経済学者へのアプローチのほうが一般的かと思います。

その際には、ビジネスサイドにもある程度専門分野の基礎知識が必要、というのは、前述の通りです。闇雲に経済学者を訪ねるのと、自ら知識を学んで専門分野が近そうな経済学者を訪ねるのとでは、出発地点が大きく違います。課題に合わせて学知をマッチングする必要があるため、最低限の基礎知識が、学知のビジネス活用においては大きなアドバンテージとなるわけです。

さらに、私の提案する学知のビジネス活用は**「団体戦」**です。目下のビジネス課題を解決するために複数の学知を組み合わせ、チームで臨むというイメージです。

つまり、本当に課題を解決し、成果を最大化するには、1つの分野だけでなく、いくつもの分野を組み合わせる必要があることも多々あります。私が見てきた活用事例も、そういうケースが大半です。

そうした観点からビジネスサイドに求められるのは、一人の経済学者に目星をつけて相談を持ちかけても、一挙に課題解決できると期待しすぎないことです。あくまでも、自分たちビジネスサイドも含めた「チーム」として、課題に取り組むという前提意識が必要であると心得ておいてください。

そのため、やはり経営者、そして現場においても、経済学の最低限の教養は必須となってきます。経済学の最低限の教養は、言い換えれば、経済学者との共通言語です。経済学者との共通言語を獲得し、ビジネス課題を言語化できるようにしたうえで、実際に経済学者の門を叩いてみる。課題を解決し、成果を最大化するベストなチームづくりが、ここから始まります。

もちろん、最初に訪ねた経済学者がピッタリの適任者とは限りません。

しかし、**最低限の経済学の教養をもって課題を言語化すれば、相談を受けた研究者も、「そういう課題であれば、この分野の研究のほうが提案できるのではないか」と別案を提示するなど、様々な提案ができ建設的な相談になる**と思います。

研究者には研究者のネットワークがありますから、相談された課題に対応可能だと思われる研究者たちを紹介してくれるかもしれません。

第1章でも述べましたが、2000年代以降に、アメリカで経済学がビジネスに活用されているさまを目撃してきた経済学者が、今の日本には一定数います。

つまり、学者サイドでは、すでに「自分たちの知見がビジネスに生かせる」という認識が広がっている。したがって、ある程度、**経済学の共通言語で課題を説明することができれば、そこから解決への道がぐんと開ける**可能性は十分にあるのです。

ポイント

「わかってくれるだろう」はNG。
対社内にも対研究者にも通用しない。

バックグラウンドの違いを乗り越え、協働していくために

経済学者とビジネスパーソンとでは、当然ながらバックグラウンドがまったく違います。片や学問の世界、片やビジネスの世界に軸足を置いているという**バックグラウンドの違いを乗り越えて、いかに互いに敬意を払い、歩み寄り、理解し合うか**。この点も、学知のビジネス活用に大いに影響を及ぼす問題です。

学知の活用という点で、日本のはるか先を行っているアメリカを引き合いに出すと、アメリカと日本とでは学者サイドに対するビジネスサイドの「敬意」の形が少し違うように見えます。

端的にいえば、アメリカのそれは「一緒に課題に取り組む〝仲間〟。仲間に対する敬意」である一方、日本のそれは「自分がいる世界とはまったく別の世界にいる〝先生〟

に対する敬意」です。

いい換えれば、日本は**そもそも学知は身近なもの、自分たちのビジネスにとって有用なもの、という認識が薄い**ように見えるのです。

「経済学＝何だか難しそうな研究。ビジネスに直結するアイデアにつながらない」というイメージが強く、学知に触れる入り口の前で止まってしまう場合も多いのかもしれません。とくに、40代以上のビジネスパーソンが大学生だった頃のイメージは、まさにそうだったかもしれません。


日本で経済学とビジネスの距離が縮まらず、学知のビジネス活用の事例がなかなか増えていかない理由は、この辺りにもありそうです。

近年、各企業でも多くのデータを取得できたり、インターネット上で新しい市場に挑戦したりするなど、データとビジネスの距離が非常に近くなってきています。そういう状況にもかかわらず、**学知の有用性が見過ごされている**ことが残念でなりません。

もちろん学者サイドからも、もっと一般に向けて積極的に発信する必要はあるでしょう。自らの研究とビジネスの関連性や有用性を発信しなければ、ビジネスパーソンはその存在に気づくことすらできません。

経済学者は一般向けに発信する、ビジネスパーソンは経済学の基礎的な知識を身につけ、ビジネスに有用な学知の存在に気づく。こうした**双方からのアプローチ**がもっと進み、両者の距離が一気に縮んでいくことが待ち望まれます。

そこから、ようやく、双方のバックグラウンドの違いを乗り越え、互いに敬意を払い、歩み寄り、理解し合うというプロセスが始まるのです。

バックグラウンドが違えば、感覚も違って当然

たとえば、学者とビジネスパーソンとでは、**時間感覚**や、**求めるゴール**が違ったりします。

どちらかといえば、学者は完璧主義者であり、1つのテーマに対して長期的に取り組むのに数年がかりというのも珍しくありません。その道の専門家の威信をかけて、

揺るぎないまでに確立したものを実装したい、中途半端なものは出したくない、という意識も強いものです。

しかしビジネスサイドとしては、数年がかりなどという悠長な感覚を許容できない場合も多いでしょう。もちろん学知を取り入れるのは、より確実に望む成果を得るためですが、だからといって、100点満点を目指して年数をかけるより、**及第点を超えれば、なるべく早く成果を求めたい**ものだと思います。

確実性も速さも、両方とも重要です。しかし、限りない確実性を求めればスピードは落ち、限りない速さを求めれば確実性は落ちる、というのが物事の道理です。

学者にとっても速さは重要ですが、強いてどちらをとるかといったら確実性をとる傾向が一般的には強いため、ビジネスサイドがはっきりと要望を伝えることが必要不可欠です。

中にはビジネス的な感覚をほとんど持ち合わせていない学者もいます。そこは学者サイドにもビジネスを理解する努力が必要だと考えています。

ただ、依頼主であるビジネスサイドのほうに「学者と自分たちとでは感覚が違うところが多い」という前提意識があるのとないのとでは、話の通じ方も、その後の成果の出方も大きく変わってきます。

まず**「どのような成果を、どれくらいの期間で達成したいのか」も含めて丁寧に課題を言語化できたほうが、食い違いは起こりづらい**でしょう。

ビジネスサイドの提案に対しても、「その期間では、まだまだ粗い分析しかできない。この状態では実装に耐え得るものはできない」と返されることもあるかもしれません。だからといって、そこで破談になるわけではなく、「では、分析にはどれくらいの期間が必要か？　いつ頃、実装ができる状況になるか」と話し合えばいいのです。

学者として許容できること・できないこと、ビジネスサイドとして許容できること・できないことを理解し合いながら、すり合わせていくことが、バックグラウンドの違いを乗り越えて協働していくというプロセスなのです。

共通意識を形成することの難しさ

たとえば建築士は、施主が「4階建てのオフィスビルを建てたい」と言ったら4階建てのオフィスビルの設計図を描きますし、「2階建ての住宅を建てたい」と言ったら2階建ての住宅の設計図を描きます。

最初に「4階建てのビルを建てたい」と聞いていたのに、後から「5階建てのビルにしたい」と言われたら、延床面積や建物の高さなど設計図書をすべて書き直すことになってしまいます。

経済学者が学知をビジネスに実装する際に起こりがちなトラブルは、この話と似ています。

ビジネスサイドと経済学者の認識のズレが残ったままで話を進めてしまうと、どこかのタイミングでほぼゼロからやり直すことになり、とんでもない時間と労力のロスが生じかねません。

さらに厄介なのは、ビジネスサイドから見れば「あとで伝えてもどうにかなりそうな小さな問題」が、経済学者サイドからすれば「根本的につくり直さないといけない大問題」だということが、ままあることです。

たとえば、あるレーティング設計の案件で、次のようなことがありました。経済学者は、「食べログ」のように「星の数」で優劣を可視化する仕組みをつくりました。ところが、企業側でのその仕組みの使い方が、どうも経済学者の意図した方法とは違いました。その理由を尋ねたところ、企業が本当に求めていたのは、「他社商品との優劣や評価の比較」ではなく、「自社製品への評価から改善点を見つけること」だったのです。

企業側は、ディテールによる設計の違いを知る由もなく、「とにかくレーティングの仕組みをつくれば、対応できる」という認識でいたのでしょう。しかし、「優劣の比較」と「改善点の発見」では、求められるレーティングの設計という点から見ると異なります。結局、すっかり仕組みができあがってから、「やりたいことができない」ということになってしまった、というわけです。

バックグラウンドが異なる者同士が共通言語や共通認識を練り上げながらともに道を探っていけば、これまでの何倍、何十倍もの成果をも引き出すことができるでしょう。これが、学知をビジネス活用する最大のメリットであり、醍醐味です。

ただし、ざっくり「うまくいく」という思い込みだけで話を進めると、あとになって大きな認識のズレが判明して軌道修正に余計な時間がかかったり、最後の最後に期待外れの結果となったりしかねません。

こうした事態を防ぎ、協働していくためには、まずビジネスサイドからの「こういうことがしたい」という全体像（最終ゴール）を詳細に提示すること、そして共通の言語で議論し、認識をすり合わせていくことが不可欠なのです。

ポイント

ビジネスサイドと学者サイドでは、「当たり前」の基準は違う。

データの利用から始める「経済学のビジネス活用」

ビジネス課題の解決に経済学を取り入れる際に、一番ものをいうのは**「データ」**です。IT化が進み、各企業がビッグデータを得られるようになったことで、以前よりも格段に経済学をビジネスに活用しやすくなったことは前にも述べました。

今まで私が企業・経済学者と一緒に携わってきた案件の中でも、データ分析に関する相談は、かなり多くを占めています。

「自社データがたまってきたので分析して、売り上げにつなげていきたい」
「顧客データを活用して、アップセルを狙っていきたい」
などは、よくある相談です。

しかし、こうした相談からは、残念ながら形になりにくいのが実情です。なぜなら、「これまでにたまったデータさえあれば、学知がうまいことやってくれる」わけではないからです。

データはデータでも、**ただ単純に集められたデータでは、いくら有能な経済学者でもできることは非常に限られてしまいます。**そして、**データ分析をすることを意識してためている企業は、思いのほか少ない**のが現状です。

なぜ、「自然発生的にたまってきたデータ」は、ほとんど使い物にならないのか？

なぜ、「これまでにたまったデータ」は、あまり役に立たないのでしょうか。

それは、「ためる意識」ではなく「たまる感覚」でたまったデータは、目的を持たないからです。分析にうまく使えるデータというのは、自然発生的に無造作にたまったデータではなく、ある特定の分析に必要な情報を、意図的にためたデータなのです。

データの「ためる」と「たまる」。たった1文字の違いでも、データは大きく異なります。

たとえば、商品のオンライン購入ページで顧客が入力するフォーマットを考えてみましょう。入力項目は氏名、住所、性別、職業、年齢などが考えられますが、そのデータを「購入層を年齢別に把握する」ために使おうとするならば、その人の年齢なり、生年月日なりを尋ねる必要があります。

後々の活用のしやすさを考えれば、年齢等については、極力空白にならないように原則入力してもらう。入力したデータを分析することを考えれば、入力ルールをある程度詳細に作成することが重要です。

年齢であれば、アラビア数字で半角にするとか、住居表示もどこを区切りにするかなども統一しておかないと、分析の際、データ整理に時間ばかりかかってしまいます。

とくに「ためる」意識なく、何となく「20代」「30代」などと10歳刻みで回答をためた。しかし、いざ分析をしようとすると5歳刻みの分析が必要だとなると、詳細なデータ分析が十分にできるはずがありません。たまっただけのデータでは不十分、というのは、こういうことなのです。

あるいは、「購入者を居住都道府県別に把握する」場合、購入者自身が記入するフリーの住所欄では、想定しているデータ収集のためには不十分です。

なぜなら、人によって市区町村から記載したり、数字や文字が半角・全角とバラバラだったりと不統一になる可能性が高まるためです。分析するにあたり、全角・半角は同じ情報と認識できなかったり、住所を確認するという当初のデータ分析とは違う工程を行う必要もあります。本来の目的であるデータ分析までに、かなり労力がかかってしまうのです。

これはほんの一例であり、**本質的に、データは取得の仕方によって集まるデータの形がまったく違います**。データを使ってどういう分析を行うかに応じて、データを集めるための設問を適宜**「デザインする」**という発想が重要です。

「一つ一つ設問を考えて設定するのは面倒だから、いっそ、何でも入力項目は細かく設定すればいい」と思うかもしれません。

しかし、それだと購入者の入力量が格段に増え、後半になると疲れて回答率が低くなる、辛抱強く入力してくれたとしても回答が適当になるなどの影響が生じます。やたらと細かい入力項目は、データ取得にとっては悪影響ともなってしまうのです。

データ収集のためのフォーマットが、チャンスロスにつながってしまっては本末転倒もいいところです。

やはりデータの使い道に応じて、一番欲しいデータを、適切な細かさでためられるようにデザインすることが重要です。

目的整合的なデータは「宝の山」

自然発生的にたまったデータでも、まったく使えないわけではありません。「当初の目的とは少し違うかもしれないけれど、こんなことができます」ということも大いにあります。

たまったデータを整理してみたら、もしかしたら「宝の山」になる可能性もあるかもしれません。とはいえ、ビジネスですから、**これからは目的を念頭にデータを「ためる」ことを意識していくこと**も重要です。

データ収集の前に、まず明確な「目的意識」を考えることが必要。そして「目的意識」を明確にするには明確な「課題意識」が欠かせません。まず課題ありき、目的ありき、そのうえで「ためた」データがあってこそ、経済学者との協業も、効果が明確に高まっていきます。

ポイント

「何のためにデータをとるのか」が明確なほど、「質の高い」結果が得られる。

第 4 章

ビジネスで使える経済学の学び方

5年後、10年後を見据えて「今、何をすべきか」を考える

社会人として経験を積んでから新たに何かを学ぶ、習得するという意味で、**「リスキリング」**の重要性が指摘されるようになっています。

リスキリングには大きく2つの方向性があります。**「技術の習得」**と**「教養の習得」**です。世間ではこの峻別はされておらず、どちらに対しても「リスキリング」という言葉が使われますが、体感としては、前者の「技術の習得」を指して「リスキリング」と呼ぶことが多いようです。

自分の人生への短期投資と長期投資

たとえばマーケティングのスキル、プログラミングのスキル、マネジメントのスキルなど、ビジネス場面に直結する「技術の習得」です。今、ビジネス界で活躍していく中で改めて必要性の高い技術ですから、身につければすぐに役立ちます。

短期に成果を出したい、よりよいポストを目指したい人にはピッタリでしょう。実際、自身のスキルアップ、キャリアアップのために、こうした技術を学ぼうとしている人は多いのではないでしょうか。

一方、教養に関するリスキリングはどうでしょうか？

そもそもビジネス教養の定義を端的にいえば、「ビジネスの基礎となるような幅広い学び」。定義がはっきりしておらず、様々な方面にわたるため、もしかしたらまったく役に立たないかもしれないし、どこで使ったらいいかわからないこともあります。たとえ直接役に立たなかったと感じていたとしても、基礎にそのような教養があることにより、様々な意思決定に見聞の幅広さや深みが加わることもあるでしょう。人間として豊かに生き、成熟していくためには必要なもの、人生の指針になるものといえるのです。

こうした性質である分、教養の習得は短期かつ明確な成果が見えづらく、「地味な学び」であるため、あまり意識を向けられることはありません。

短期で成果をあげ、それを積み重ねていくことはもちろん重要です。しかし、**目の前の課題だけを見ていては、大局を見失う**ことにもなりかねません。

今の世の中はどうなっているか、今後どうなっていくと考えられるか。そして、一人一人の生産性を高め、より高い成果を出していくために、いかにビジネスを展開していくべきかを展望する。場当たり的ではなく、自分の中にしっかりとした1本の軸を持って、課題にぶち当たるごとに明確な目的意識のもとで判断をしていくことが重要です。

こうしたことが、企業経営だけでなく、ビジネスパーソン一人一人に、今後求められていくはずです。

「技術の習得」という短期的投資に追われるのではなく、**戦略的に5年後、10年後を見据えたビジネスのための「教養の習得」、つまり長期的投資をしていくことが求められている**のです。

経済学は最高の長期的投資

本書で私が勧めている「社会人の経済学の学び」は、まさに、ここでいう長期的投資、すなわち「教養の習得」にほかなりません。

なぜか？　それは、前述のように、**経済学が、世の中で起きている様々な物事に目を向けて、それを科学的に捉えようとする試み**だからです。

明日のこの会社の株価が上がるか・下がるかということではなく、5年後、10年後に世の中がどうなっていくかを考え予測していく。業務命令のように「〇〇のスキルを5年以内に習得せよ」という受動的なものではなく、未来において、世の中がどのように進んでいくかを考え、描いていく。そんなビジネスにとっての基礎的教養を身につけていくことができるでしょう。

あるいは、コロナ禍のように、まったく想像していなかった未来が来たとしても、自分自身で考えそして目指していた未来像があれば、現実とのギャップにどう対応していくべきかを考えていくことができるはずです。

経済学の教養は、これからの世の中を歩んでいく**「羅針盤」**となると考えています。どのように進むと最短距離で目標に近付けそうかを考え進むための、大きな助けになるでしょう。

ポイント

経済学の教養は
ビジネス人生を豊かにする。

経済学のジェネラリストを目指す

最低限の経済学の教養を身につけ、経済学者との共通言語を獲得することで、ビジネス課題の解決法に、「経済学」というかなり有力な武器が加わります。

本書で繰り返し述べてきたことですが、ここまで読んできて、では**「最低限の経済学の教養」とは、どの程度のものなのか**と気になっていることでしょう。

経済学の専門書や論文を読みこなせるほどの知識があればもちろんいいですが、ここで最低限といっているのはもっと基礎的な教養です。

ビジネスサイドの目的は、経済学の特定分野に精通することではなく、経済学を使ってビジネスの成長を加速させること。そこで必要なのは、「様々な可能性に気づく力を持つこと」であり、そのためには「浅く広い知識」を身につけるのが一番です。

ビジネスパーソンが、ビジネスの課題解決の武器として経済学を活用する。そのために、必要な経済学の基礎的教養を身につける。そこで目指したいのは、経済学のスペシャリストになることではなく、**経済学ってこんなこともできるんだ**と認識できるジェネラリストになることです。

まず「入門書」を読むだけで上々

より具体的にいえば、**経済学の様々な分野の入門書を読むこと**ですね。

それもまずは、100%は理解できなくとも、1箇所でも2箇所でも「なるほど、この分野は、こういうことを考えているのか」と腑《ふ》に落ちたり、「自社のビジネスにプラスになりそうだな」と会得できたりするところがあれば、上々でしょう。

第2章で紹介したAppBrew社も、一般向けに書かれた経済学の書籍を学生時代に読んでいた社員が多かったことが、「経済学はビジネスに活用できる」という発想を、すんなりと社内で共有できた一大要因だったと話していました。

自ら経済学を語ることはできなくても、経済学を身近に感じ、ビジネスで経済学者と協働できそうだという皮膚感覚を得る。自身としては経済学を少しかじったくらいの感覚しかないかもしれませんが、「ゼロ」と「少しかじったくらい」では大きな違いになるはずです。

今までの延長線ではない「新しい一歩」の踏み出し方

そうはいっても、いざ書店に行ったら、経済学の棚の前で迷ってしまいそうです。専門家の間でも評判の非常によくできている入門書がある一方、そうでもない入門書があることも否めません。

そこで本書では巻末に、一般向けで、経済学のビジネス活用の推奨図書を挙げました。あまり難しく考えずに、興味を引かれたものから手に取ってみてください。

そして実際に読んでみて、「うちのビジネスに役立ちそうだな」と思ったら、恐れることなく、その分野の専門家にアプローチしてみてください。

その一歩が学知のビジネス活用に直結するかはわかりませんが、**今までの延長線ではないアクションを起こすことで、きっと、今までの延長線上ではない新たな道が拓けるでしょう。**

ビジネスと経済学の「見えない」糸

実際、ビジネスサイドのほうで経済学と結びつけられていないだけで、経済学者サイドから見ると割とくっきり経済学の理論とのつながりが見えるビジネス課題はたくさんあります。

たとえば**「社会選択理論」**という理論があります。ご存じない方も多いかと思いますが、この理論を知っていたとしても、ビジネスとのつながりはなかなか見えてこないかもしれません。

社会選択理論というのは、端的にいえば、「投票に関する研究」です。

この世の中には、無数の集団があります。企業や団体もそうですし、さらにその中は、多くの場合で所属部署や職務ごとに集団がつくられています。あるいは家族、学級、学校、クラブ活動や習い事のグループ、町内会なども集団の1つです。

私たちは様々な集団に所属していて、各集団には様々な価値観や趣味嗜好を持つ個人が集まっている。そうした**多様な人たちがいる中で、集団としての意見をどうやってまとめていくか、物事を決定していくか**を扱うのが、社会選択理論です。

このように説明をすると、サッと多くの方が「多数決」を思い出すと思います。一人一票で、いちばんいいと思うものに投票する多数決は、たしかに日本では身近でよく使われる決め方の1つです。

ただ、集団での決定が、必ず多数決によってなされるということはないですよね。職場では、より職責の重い人間が下した決定に従うことも多いでしょうし、家庭でも誰か一人が決めたことがみんなの決定になったりもします。

こうした多様な選好を基に、いかに「多様な個の集合である社会としての選好」を集計するか、いかに社会全体として妥当な選択が下されるように個々の選好を扱うのかを研究するのが社会選択理論なのです。

決め方そのものも、みなさんが想像する以上に多様です。

一例としては、個々人の「どれを、どの程度、好きか」というデータを集積し、どれが最も選好されるのかを導き出すという方法をご紹介しましょう。たとえば、参加者全員に、5個の選択肢について、全部に「どのくらい好きか」を5段階評価で数字をつけてもらうとします。その数の合計が一番高かったものを選ぶ、単純平均で一番よかったものを選ぶ、悪い評価をつけた人がいなかったものを選ぶ……。単純に考えただけでも、いくつものパターンがあります。

こうしたパターンは、どれが本質的に優れていて、どれが劣っているかを問うものではありません。というのも、**決定の目的が変われば、合う方法も変わる**からです。

そのため、今の目的に対して、どの方法がより合うのかを探ることが求められることになります。

さて、ここまでを読んで、

「このサービス、社会選択理論の考え方の延長線上にあるかも？」

と何かを思いついた方はいますか？　本書でも何度も取り上げている、あるサービスです。

実際、多くの人に身近なサービスに、この理論は応用され始めています。そのサービスとは、レストランや美容室などのサービス、化粧品や電化製品、本などを利用した人が、「星」をつけたり「得点化」したりして評価する、いわゆる「クチコミサイト」です。

クチコミサイトは、「どれを、どの程度、好きか」という個々の選好の集積を見せ、「どの店で食べるか」「どの化粧品を買うか」といった意思決定を手助けしているわけです。

現状では、日本で広く使われているクチコミサイトには、経済学者が関わっているものとそうでないものがあるようで、経済学者が協力しているクチコミサイトは、社会選択理論などをベースに構築されています。

ビジネスサイドの「かも？」が学知の可能性を開く

さて、クチコミサイトは、一般ユーザーたちの評価の集積を提供することで、個々の意思決定の手助けをしていると書きました。ただ、複数のユーザーの評価を、ある1つの評価にまとめるということは、いうほど簡単なことではありません。

第2章で取り上げたAppBrewのケースだけでなく、それぞれのクチコミには多くの課題が存在します。こうした一筋縄ではいかない評価の仕組み（レーティング）を、ビジネスサイドの課題意識に応えつつ構築するというのは、あくまでも経済学者の仕事の一例です。

「社会選択理論」と「クチコミサイト」が一般的な発想では結びつかないように、ほかにも、思いもよらず、聞いたこともない経済学理論を応用できるところがあるのです。

「ひょっとして、このビジネス課題、経済学で何とかできるかも？」
「この理論は、ひょっとしたら、うちの業態との親和性が高いかも？」

経済学を浅く広く学ぶことで、こうした「かも？」が浮かぶようになる。こうして経済学が解決策の選択肢の1つとなれば、やがて本当に経済学との幸せな掛け合わせが実現し、今までになかったアプローチで大きくビジネスを飛躍させる道が拓かれるでしょう。

そのためにも、今、経済学を学ぶことが5年後、10年後に実を結ぶ投資だと思って、とにかく、**まずは経済学のエッセンスに触れてみてほしい**と思います。

忙しいビジネスパーソンが、今から経済学を専門的に一から学ぶのは難しいでしょうし、その必要もありません。ちょっとずつ知識のつまみ食いをして、それぞれの分野の味を確かめたうえで、「今、自分たちに必要なのはこの風味……かもしれない？」というあたりをつけられるようになることを目標としてください。

すると経済学者サイドの発信に対してもアンテナが立って反応するようになり、経済学との理想的な掛け合わせが起こりやすくなるでしょう。

ポイント

随所にある「かも？」にアンテナを立ててみよう。

経済学の学びは、企業にとっての投資である

前にも少し述べたように、ひと口にリスキリングといっても「技術の取得」ではなく「教養の習得」の場合、成果が現れるまでにとても時間がかかります。「教養の習得」は、ある教養を身につけることで、今まで1時間かかっていたものが30分に短縮される、という類《たぐい》のものではありません。

技術の習得も、直面している課題への業務効率化や成果向上などを目指すうえでは重要です。

しかし、さらに根深い問題は、この30年間、ほとんど賃金が上がっていないという停滞状態の日本経済を、今後、いかに企業の力で上げていくかでしょう。そのためには、やはり長い目で見た投資が必要です。

国にとって教育とは、施《ほどこ》しを授ける「福祉」ではなく、ゆくゆく大きなリターンをもたらしてくれる「投資」です。それは企業においても変わりません。

必要に応じて外部の経済学者を頼るというのも1つの方法ですが、おそらく企業にとって最もメリットが大きくなるのは、**自社のビジネス課題を発見するために、経済学的な知見を取り入れ、自社成長にとって大いに効果的な課題を発見し解決していく環境をつくること**です。

幹部候補を対象に経済学の教養の習得を推し進める。長期的視点に立って経済学に明るい人材を迎え入れる。今、こうしたアクションを起こすことが、5年後、10年後、確実に効いてくるでしょう。

現在の日本企業の多くは、いうなれば「乾いたスポンジ」のようなものだと思います。データ取得が当たり前になった今、以前より格段に経済学を活用しやすくなっている、ということにすら、まだあまり気づいていない。

だからこそ、乾いたスポンジがぐんぐん水を吸い込むように、「経済学は、ビジネスに使えるらしい」と気づき、ビジネス教養として学び、そしてビジネス課題に経済学を活用し始めてからの成長の伸び代は未知数だと思います。

ポイント

まずは1冊、経済学の本を手に取ることから始めてみよう。

おわりに

今、日本に必要な「つなぐ」人材

アメリカ式の適用には限界がある

経済学をビジネスに活用することにかけては、やはり、アメリカが何十歩も先を行っていますが、日本は、その背中を追いかけるだけが能ではないのかもしれません。アメリカと日本とでは文化的背景も違えば企業文化も違う、人々の学問に対する意識や距離感も違います。ならば日本は日本で、学知をビジネスに活用する際のフォーマットのようなものを独自に探る必要があるように思います。

日本でも、経済学者サイドでは「自分たちの学知がビジネスに活用できる」という認識が広まりつつあり、また、数は少ないながらも、経済学を活用してビジネス課題を解決している企業も出てきています。

さらに本書の著者としては、これを機に、日本のビジネスパーソンの間で経済学の教養が広まってくれたら、という期待もあります。

ただし現状として、まだまだ日本では、経済学者サイドとビジネスサイドが隔絶されてしまっています。

理想的なのは、本書で紹介したサイバーエージェント社やSansan社のように、自社内に経済学者がいて、「いつでも、気軽に経済学者に相談できる」という環境が整っていることですが、それを多くの企業に求めるのは、まだ難しいでしょう。

また、アメリカだと、何年か企業で働いた後に大学に戻り、よりグレードアップされた学者として企業に復帰する、といったことも可能です。こうした経済学者サイドとビジネスサイドの行き来の自在さも、まったくといっていいほど日本では見られません。

他方、経済学者サイドの中でも、ある種の隔絶があります。

同じ経済学者でも、専門分野が違うと、あまり接点を持つ機会がないのです。仮に企業案件で自分が役に立てる、立ちたいと思ったとしても、その案件のために自らベストチームを招集するネットワーク力まで持っている学者は、そう多くはありません。

さらに、これらのハードルを乗り越えて企業と学者が出合い、団体戦でともにビジネス課題に取り組む運びとなったとしてもなお、ボタンの掛け違いが生じる可能性はゼロにはなりません。

共通言語でのコミュニケーション不足、学者サイドのビジネスに対する理解不足、ビジネスサイドの説明不足などにより、互いの関係性がぎくしゃくしてしまう。そんな状態では、学知を最大限に活用することは叶わないでしょう。

日本式・学知のビジネス活用の方向性とは

そう考えると、今、日本が必要としているのは「リエゾン」、つまり「つなぐ」という機能を果たす存在だと思います。

課題を抱えている企業と、その解決に適任と思われる学者を「つなぐ」。課題解決のベストチームを構成するために学者と学者を「つなぐ」。さらには協力してビジネス課題に取り組む企業・学者チームの一員として、ボタンの掛け違いが生じないように両者のコミュニケーションを「つなぐ」。

いずれ日本でも、経済学者を社内に擁することが当たり前になるかもしれません。そうなるまでは、こうした「リエゾン」の機能を持つ存在が、学知のビジネス活用におけるキーパーソンとなるでしょう。


学知のビジネス活用がまだまだ進んでいない日本の現状を思うと、経済学者サイドでもビジネスサイドでもなく、その間に立って様々な「つなぐ」機能を果たす人材の育成、確保も喫緊の課題だと思います。

そんな人材が増えるほどに、日本における学知のビジネス活用は加速度的に盛んになっていくでしょう。その先に、一人ひとりの生産性を上げるという意味での日本経済復活の光が、ようやく見えてくるはずです。

ビジネスに経済学を活用したい人のためのブックリスト

使える！　経済学 データ駆動社会で始まった大変革

日本経済研究センター編／2022年7月刊／日本経済新聞出版

実経済・実社会の中で、経済学者はビジネスとどのように接しているのか？　複数の経済学者による経済学の社会実装例を学ぶことができる。本書籍には日本人経済学者による実装例がいくつか掲載されており、身近な活用事例の参考となる。

世界最高峰の経済学教室

広野彩子編著／2023年7月刊／日本経済新聞出版

世界トップクラスの経済学者が、どのように社会課題と向き合っているのか、解決に向けてどのようにアプローチしているのか、先端経済学とはどのような学問なのかを知ることができる1冊。編著者のインタビューが基になっているため、一般の読者にもわかりやすい内容となっている。

なぜ、それは儲かるのか 〈フリー＋ソーシャル＋価格差別〉×〈データ〉が最強な理由

山口真一／2020年7月刊／草思社

GAFAを筆頭とするIT先進企業がどのように儲け、成長しているのかを経済学の視点で解説。従来の産業社会の価値観から、情報社会の価値観への転換はもはや必然。この新しい価値観を経済学の視点で捉えることの重要性がわかる1冊。

ゲーム理論の〈裏口〉入門 ボードゲームで学ぶ戦略的思考法

野田俊也／2023年6月刊／講談社

経済学の社会実装に多く関わっている経済学者に

よる、ボードゲームを題材にしたゲーム理論の入門書。ゲーム理論を知っている方はもちろん、言葉自体を知らない方でもその勘所を学べる１冊。

行動経済学が最強の学問である

相良奈美香／２０２３年６月刊／ＳＢクリエイティブ

様々な企業で実装されている「行動経済学」がどのような学問なのかを知るための１冊。身近なビジネス課題に対して、実際に学知を活用してみたくなるエッセンスが多く掲載されている。「行動経済学」について興味がある方は、ぜひ手に持ってもらいたい。

「原因と結果」の経済学　データから真実を見抜く思考法

中室牧子、津川友介共著／２０１７年２月刊／ダイヤモンド社

「因果関係」を学問として理解するための１冊。効果検証などのベースとなる学知の入門書であり、多くの企業で活用可能性が高い。経済学のビジネス活用のための第一歩としておすすめ。

そのビジネス、経済学でスケールできます。

ジョン・A・リスト著、高遠裕子訳／２０２３年１月刊／東洋経済新報社

Ｕｂｅｒなど、いくつかのＩＴ先進企業の経営にも関与している経済学者の著書。著者の実体験を中心に、経済学実装の本場アメリカの実例を知ることができる。規模拡大するアイデアとそうでないアイデアを、経済学を活用して可視化する方法など、企業経営の中での経済学の活用・実践の示唆に富んだ１冊。

今井 誠

株式会社エコノミクスデザイン共同創業者・代表取締役
1998年関西学院大学卒業。金融機関を経て、アイディーユー（現・日本アセットマーケティング）にて不動産オークションに黎明期から従事。東証マザーズへの上場に貢献。2000件以上の不動産オークションを経験。その後、不動産ファンドにて1000億円以上の不動産投資を実行。2009年不動産投資コンサルティング企業を創業し、代表取締役に就任。2018年不動産DX関連企業代表取締役や不動産オークション会社取締役等に就任し、不動産業界での経済学のビジネス実装に取り組む。2018年11月より、「経済学×ビジネス」のワークショップ“オークション・ラボ”を主催。さらなる経済学のビジネス実装に挑むべく、2020年、経済学者3名と共にエコノミクスデザインを創業し、代表取締役に就任。共著に『そのビジネス課題、最新の経済学で「すでに解決」しています。』（日経BP）がある。
X: @imai_auctionlab
https://econ.news/
imai@edi.co.jp

あの会社はなぜ、経済学を使うのか?

先進企業5社の事例でわかる「ビジネスの確実性と再現性を上げる」方法

2024年1月9日　第1版第1刷発行

著　者	今井誠
発行者	中川ヒロミ
発　行	株式会社日経BP
発　売	株式会社日経BPマーケティング 〒105-8308　東京都港区虎ノ門4-3-12 https://bookplus.nikkei.com/
デザイン	三森健太（JUNGLE）
挿　画	Mizmaru Kawahara
制　作	マーリンクレイン
編集協力	福島結実子
編　集	宮本沙織
印刷・製本	大日本印刷株式会社

本書の無断複写・複製（コピー等）は、著作権法上の例外を除き、禁じられています。

購入者以外の第三者による電子データ化及び電子書籍化は、私的使用を含め一切認められておりません。本書籍に関するお問い合わせ、ご連絡は下記にて承ります。

https://nkbp.jp/booksQA

ISBN978-4-296-00150-7　Printed in Japan

©2024 Makoto Imai